joop roeland



# an orten gewesen sein

Texte zum Weitergehen

Otto Müller Verlag     Verlag Die Quelle

Die Deutsche Bibliothek – CIP-Einheitsaufnahme
Roeland, Joop:
an orten gewesen sein. Texte zum Weitergehen
ISBN 3-7013-1007-6 Otto Müller Verlag
ISBN 3-85241-003-7 Verlag Die Quelle

Gestaltung und Typografie: Peter Felder und
René Dalpra, Rankweil und Götzis
Druck und Bindung: Druckerei Roser, Salzburg
Satz in Berthold Akzidenz Grotesk Medium
Umschlag: 300 gm² Gmund Color blau 55
Papier des Inhalts: 100 gm² Werkdruck bläulichweiß

Inhalt

Wie Sand
der einmal Stein war
bevor er zu Staub wird
müssen auch wir
an bestimmten Orten
gewesen sein
bevor wir weitergehen
zu anderen

Joseph Bruchae

Der Titel dieses Buches geht auf einen Text von Joseph Bruchae zurück. Joseph Bruchae ist ein amerikanischer Dichter, 1942 im Staat New York geboren. Er ist halbindianischer Abstammung. Das indianische Erbe in seinen Gedichten verdankt er vor allem seiner engen Beziehung zu seinem indianischen Großvater.

Dieses Buch ist ein Geografie-Buch. Es fragt nach Ort und Weg: Wo man gewesen ist und wo man heute ist, ehe man weitergeht.

Die Frage nach dem Ort – dieser Versuch eines Ortsverzeichnisses fragt auch nach dem inneren Ort, fragt nach Einklang und Traum. Was hat mir an jenem Ort damals entsprochen? Und heute: Bin ich jetzt an dem Ort, wo alles mit mir im Einklang ist?

Was habe ich damals geträumt und was bleibt jetzt zu wünschen übrig?

Wer eine solche Ortsbestimmung vornimmt, macht eine Gewissensuntersuchung. Es ist alles zu überlegen. Was gut war und was gut geworden ist. Natürlich auch, was nicht gut war und wo man schuldig geworden ist. Und mehr noch. Eine solche Ortsbestimmung ist Zukunftsplanung. Wie geht es weiter? Wohin?

Wird man mit diesen Fragen allein gelassen?

Es gibt im Alten Testament eine berührende Szene: Jeremia im Haus des Töpfers (Jer 18).

Der Prophet sieht den Töpfer bei seiner Arbeit mit der Töpferscheibe. Manches gelingt dem Töpfer, aber nicht alles.

Wenn etwas danebengeht, verwirft er es. Er macht aus dem Ton dann wieder etwas Neues, ein anderes, besseres Gefäß. Der Prophet sieht das alles und denkt sich: „So tut Gott mit Israel!" Es darf wohl jeder dieses Gleichnis für sich in Anspruch nehmen und denken: „So tut Gott mit mir!" Ich bin noch nicht fertig. Der Ort, wo ich war, wo ich jetzt bin, es ist nicht der endgültige Ort. Ein Weg ist noch weiterzugehen. Ich muss an mir arbeiten. Aber auch Gott arbeitet an mir. Er wirft weg, was noch nicht gut ist. Das ist manchmal schmerzlich. Aber es ist auch ein großer Trost dabei: So holt Gott, der Töpfer, uns aus dem Ton. So werden wir geboren.

Sie finden zu dieser Ortsbestimmung hier mehr Mutmaßungen als Wegweisungen. Aber ist nicht auch die Frage schon Anfang eines Weges?

Diese Texte sind oft aus dem Alltag entstanden, aus der Banalität und Lächerlichkeit des Alltags manchmal, aber auch aus seiner Zerbrechlichkeit und seiner Sehnsucht, über sich selbst hinauszuschauen.

Sie wurden für verschiedene Zeitschriften geschrieben: für die Zeitschrift Wort auf dem Weg und für die Kärntner Kirchenzeitung. Und für den Österreichischen Rundfunk (ORF).

Da ich ein eher etwas fauler Autor bin, der lieber durch den Alltag spazieren geht als darüber zu schreiben, danke ich allen für die Beharrlichkeit, mit der sie mich zu diesen Berichten aus dem Alltag gezwungen haben.

Zu danken ist Mag. Peter Zeillinger, der viel für die technische Vorbereitung des Manuskriptes geleistet hat. Danken möchte ich auch den beiden Verlagen, die sich dieser Texte sehr sorgfältig angenommen haben. Ein ganz besonderer Dank gilt auch den Grafikern Peter Felder und René Dalpra. Sie haben dieses Buch sehr kompetent, kreativ und mit großer Liebe gestaltet. Ihre Arbeit hat diesem Buch noch eine eigens zu entdeckende Geografie gegeben.

Joop Roeland
Wien, Juli 1999

Der Text von Joseph Bruchae wurde dem Band „Die Erde ist eine Trommel", einem Sammelband alter indianischer Weisheit und moderner indianischer Lyrik, herausgegeben von G. Bydlinski und K. Recheis, entnommen.

# suche

orts

Für die, die alles schon haben,
die ohne Erwartung, ohne Wunsch,
ohne Zukunft sind:
Für die, die alle Antworten wissen,
aber nicht mehr die Fragen,
die dazugehören:
Für die, die alle Fahrpläne kennen,
aber nicht mehr das Verlangen
nach Aufbruch:
Für die, die sich nicht mehr erinnern können
an die Träume des Anfangs,
an die Neugierde des Aufwachens,
an den Ruf der Ferne:
Für die, die im Winterschlaf verharren
und frühlingsmüde vergessen haben
auf Hunger und Durst nach Gerechtigkeit:
Für die, die ihr Leben ausgerechnet
und keinen Platz mehr haben
für etwas, größer als das Herz:

Um Neugierde.
Um Unruhe.
Um Sehnsucht.
Um Ungeduld.
Um Zukunft.

„Unterwegssein“, das ist ein Thema in vielen Romanen, Erzählungen, Gedichten. Ziemlich am Anfang unserer Kultur steht die Geschichte von Odysseus’ langer Heimfahrt. Ziemlich am Anfang der Bibel steht die Geschichte zweier Menschen, die aus dem Paradies vertrieben werden.

Vielfach sind es die Geschichten eines aufgezwungenen Herumziehens: Ortlosigkeit als Fluch. Es gibt aber auch die freigewählte Ortlosigkeit: die Annahme der Herausforderung der Ferne. Ritter sind unterwegs, um sich selbst in Abenteuern zu verwirklichen, Minnesänger, Wanderprediger, fahrende Gesellen gehen über die Straßen des Mittelalters. Suchende, Getriebene, Abenteurer ziehen über die Straßen vieler Jahrhunderte. Freiwillig. Und auch in der Bibel: Die ersten Bücher erzählen von dem langen Weg eines Volkes durch die Wüste auf der Heimatsuche. Und so hat der Reisende im Laufe der Geschichte viele Namen: Landstreicher, Troubadour, Seefahrer, Bettler, Pilger, Zigeuner, Soldat, Tourist, Bote, Flüchtling, Heimatvertriebener: manchmal ein Freund, ein Gast, dann wieder ein Feind, ein Eindringling.

Manchmal ist der Weg auch der Sinn, ist das Wandern kein Mittel zum Ziel, sondern Ausdruck einer Grundbefindlichkeit des Menschen. Der Mensch als einer, dessen Bleiben hier nicht ist, der immer ein Unbehauster ist, ein Fremder, ein Pilger auf dieser Erde. Wer nicht aufbricht, wird auch nicht ankommen.

Wir mögen sein: neugierig wie ein Tourist, phantasievoll wie ein Zigeuner, tapfer wie ein Ritter, fragend wie ein Bettler, frei wie ein Landstreicher, mit einem Lied im Herzen wie ein Troubadour und einem Fernweh wie ein Matrose. Sein wie die Pilger: unruhigen Herzens, aber wissend um das Ziel. Menschen, die nicht wohnen wollen, nicht ruhen, nicht schlafen: Bis der Ort gefunden ist.

Es gibt ein niederländisches Kinderlied, das mit der Frage: „Hört, wer klopft da, Kinder, leise ans Fenster?“, anfängt. Die Antwort: „Es ist ein Fremder, sicher, der sich verirrt hat, sicher!“, wird gleich gegeben.

Nun, diese Antwort überrascht, denn woher die Sicherheit, dass der leise Klopfende nicht der Nachbar, nicht ein Bekannter ist, sondern ein herumirrender Fremder sein muss? Das Lied gibt dann weiter eine Anweisung, wie man sich diesem Fremden gegenüber zu verhalten hat: „Mach ihm auf und frag nach seinem Namen!“ Dieser Ratschlag könnte auch uns gelten. Auch bei uns klopfen die herumirrenden Fremden an. Unsere Frage aber betrifft meistens nicht den Namen. Unsere Frage an den Fremden ist, ob er ein Wirtschaftsflüchtling oder ein politischer Flüchtling ist. Nur ein politischer Flüchtling ist ein anständiger Flüchtling. Aber das habe er dann zuerst einmal zu beweisen.

Das Kinderlied bringt dann noch eine Überraschung. Denn es stellt sich heraus, dass der so nach seinem Namen Befragte der Heilige Nikolaus persönlich ist. Er kommt zu Besuch – nicht ohne Geschenke. Der, der den Fremden nach seinem Namen fragt, kann also wirklich mit einer Überraschung rechnen. Zwar hat der Fremde vieles zurücklassen müssen. Aber „ein Fremder hat immer seine Heimat im Arm“, meint die Dichterin Nelly Sachs.

So ist es. Mittellos steht er da, er, der von der Ferne gekommen ist. Seine Seele aber hat er mitgenommen und teilt sie vielleicht mit dem, der nach seinem Namen fragt.

Jener Mensch im Eis, der nach 4000 Jahren in den Ötztaler Alpen aufgefunden wurde, hat viele Fragen aufgeworfen. Unter anderem: Was mag dieser Mann dort wohl gesucht haben? Darauf wusste man sogleich mehrere Antworten: Wahrscheinlich, ausgehend von seinem trockenen Aussehen, vermutete man, dass er ein sehr ernstes Anliegen gehabt haben muss. Er war aufs Geld aus und suchte nach Erzvorkommen. Oder er wollte zur Brautsuche ins nächste Tal. Oder er war ein Gottsucher. Einige Tage später meinte man dann wieder: dieser prähistorische Bergsteiger muss ein Verrückter gewesen sein – was nun wohl wieder eine Diffamierung der Bergsteiger ist.

Ich denke mir das alles ein wenig anders. Ich denke mir, der Mann war gar nicht so trocken, wie er jetzt ausschaut. Er war eher ein lockerer Typ, voller Phantasie und Neugierde. Eines Tages muss er wohl weiter gegangen sein, als es damals üblich war. Seine Neugierde hat ihn weit über die Grenze des Vertrauten hinausgeführt. Tief in seinem Herzen spürte er den Ruf nach Ferne. So führte sein Weg ihn immer höher, und mit Staunen hat er diese neue Welt entdeckt. Aber seine Neugierde wurde bestraft. Dieser neugierige, warmherzige Mensch wurde dann dazu verurteilt, 4000 Jahre in eisiger Kälte begraben zu sein. Nun ist er wieder da. Und die Neugierde hat die Kälte überlebt: Nun lässt sie uns fragen.

Die Neugierde hat keinen guten Ruf. Vielleicht hat sie zu viele schwarze Schafe in der Familie. Ein Synonymlexikon rechnet zu ihrer Verwandtschaft: Schnüffelei und Vorwitz. Auch die Sensationslust ist eine schlampige Verwandte. So gilt die Neugierde als ein wenig unanständig, und zur guten Erziehung gehört es, gelernt zu haben, seine Neugierde zu verbergen.

Aber die Neugierde hat auch ihre guten Formen. Das Synonymlexikon rechnet auch „Wissbegier“ zur Neugierde. Wie könnten Kinder reifen ohne Neugierde auf diese Welt? Wo wären wir ohne die neugierige Forschung der Wissenschaft? Ich denke, Neugierde ist besser als ihr Ruf, aber sie ist gefährdet. Sie hat einen Hang ins Banale und setzt sich leicht über die Grenzen der Würde, der Ehrfurcht hinweg. Am Anfang des Tages wacht auch die Neugierde auf. Wir greifen nach der Morgenzeitung, hören Radio, die Nachrichten, das Morgenjournal. „Was gibt es Neues?“, ist eine Morgenfrage. Wenig neugierig fragen wir die Menschen, mit denen wir wohnen. Frühstücksidyllen finden hauptsächlich in der Werbung für Cornflakes statt. In unseren Tagesanfängen ist die Frage: „Was hast du vor?“, eher selten.

Unsere Neugierde hält sich in Grenzen. Wir streiten um die zweifelhafte Zugehörigkeit des toten Mannes im Eis, aber auf den lebenden Fremden unter uns sind wir nicht neugierig. Ach, die Neugierde: Sie verirrt sich so oft. Möge sie doch anfangen, nach dem wirklichen Geheimnis unseres Lebens zu fragen. Diese Neugierde führt uns nicht in Kälte und Tod, sondern in die Wärme des Lebens.

Im bekannten Märchen „Der Froschkönig“ wirft eine angeekelte Prinzessin einen Frosch gegen die Wand. Das Ergebnis dieser Aktion ist, dass auf einmal ein Prinz dasteht: „Ein Königssohn mit schönen und freundlichen Augen.“ Solche Ereignisse gibt es heute nur noch selten. Höchstens das Umgekehrte findet gelegentlich statt: Aus einem Traumprinzen wird ein aufgeblasener Frosch. Ja, die Zeiten ändern sich. Das stellt dieses Märchen (überhaupt das erste in der Sammlung der Brüder Grimm) gleich am Anfang fest: „In den alten Zeiten, wo das Wünschen noch geholfen hat …“ – So ist es. Aber warum ist es so? Warum hilft das Wünschen heute nicht mehr? Mir scheint, dass das Wünschen heute überflüssig geworden ist. Wir können sowieso alles kaufen. Rotkäppchen und Schneewittchen sind Karrierefrauen geworden. Sie verlassen sich darauf, dass sich mit Kreditkarten alles machen lässt.

Dennoch gibt es Stunden, in denen uns ein merkwürdiges Heimweh überfällt. In denen wir träumen von einem verzauberten Alltag, von Menschen, die eigentlich Königskinder sind. Leben wir in einer Zeit, in der das Wünschen nicht mehr hilft? Ich denke, es ist eher eine Zeit, in der wir das Wünschen wieder lernen müssen.

Die verwohnte Seele:
ein Novemberhaus
mit lauter Montagszimmern.
Die Stunden liegen hier
schlampig herum.
Die Zukunft
ruft hier nicht mehr an.
Nur selten kommt noch
eine blasse Erinnerung auf Besuch
und trinkt einen Kamillentee.

Nun aber.
Nichts ist geschehen,
kein Sturm,
kein Erdbeben,
nur ein Vorübergehen
wie ein Windhauch,
ein Atemzug, ein Flügelschlag.
Nun aber brennt das Herz in dir.
Nichts ist geschehen,
nur einer war mit dir,
hat gesprochen mit dir,
hat ein Brot gebrochen mit dir.
Nun aber brennt das Herz in dir.

Und du bist schon im Aufbruch
nach Damaskus zurück,
nach Jerusalem zurück,
in die Stadt,
wo Menschen wohnen.

In der Vorbereitung von Reisen war er ein großer Fachmann. Er betrachtete sich als einen Helden des Koffereinpackens. Wie so oft beruhte auch hier die Selbstzufriedenheit auf Vergesslichkeit und Einbildung. Denn jedes Jahr, wenn es wieder so weit war, brachte die ganze Reisevorbereitung ihm doch erhebliche Schwierigkeiten.

Zuerst hatte er sich Ferienkleidung eingekauft, bunte italienische Hemden und eine ziegelrote Hose, von der er jetzt schon wusste, dass er sie nie tragen würde, weil sie einfach nicht zu seinem Alter passte. Aber „man ist so alt wie man sich fühlt", hatte der 19-jährige Verkäufer gewusst. Und eben deswegen. Sein Hauptproblem beim Koffereinpacken war, dass der Koffer nicht zu schwer werden durfte. Er war kein Autofahrer. Jedes zu schleppende Kilo musste vorher genau überlegt werden. Besonders bei Büchern hat man da so seine Probleme. Das Reisebuch soll dick sein, spannend, witzig, mit Niveau, bereichernd: Nun, kennen Sie ein solches Buch? Für den, der mehr Blätterer ist als Leser, ist die Entscheidung nicht leicht. Nun, das Einpacken ist fertig und unser Held prüft das Ergebnis seiner überlegten Arbeit. Und leider! Wie jedes Jahr muss er auch diesmal wieder feststellen: Schon wieder ist der Koffer bleischwer.

Ohne Koffer haben wir die Lebensreise angefangen, und ohne Koffer wird sie enden. Aber wie viel Kofferpacken war dazwischen! Wörterbücher schleppen wir mit für alle Fälle, ganze Beziehungskisten und viele schwere Waffen und die Last eines schlechten Gewissens. Nicht was wir mitschleppen, sondern was wir an Gutem geworden sind, trägt sich leicht. Wie leicht gehen die Füße des Friedensboten: Nur sein Wort hat Gewicht. Wie unbeschwert gehen die Liebenden ihren Weg: Liebe beflügelt sie. Wie tanzend geht der Liedermacher durch die Straßen der Stadt: Federleicht ist sein Lied.

„Wer in einem Zug sitzt, in dem sechshundert Nonnen eine Wallfahrt nach Lourdes antreten, ist froh, ein Abteil für sich allein zu finden." Das ist der Anfangssatz von Herbert Rosendorfers Roman „Der Ruinenbaumeister". In einer Buchhandlung in Brixen, auf der Suche nach einer passenden Reiselektüre, kam mir ein Buch, das so anfängt, zur Lektüre unterwegs als sehr geeignet vor.

In dem Buch passiert dem Erzähler dann sehr viel. In dem angeblich leeren Zugabteil hält sich einer versteckt, der von sich behauptet, er sei ein Verfolgter, ein bedauernswertes Opfer seines Berufes. Da der „Beruf" dieses Verfolgten Betrüger ist, wird er von der Polizei gesucht. Das ist der Ausgangspunkt der vielen Ereignisse in diesem Buch.

Nun, meine folgende Reise in dem überfüllten Zug durch Deutschland war nicht so aufregend wie jene im Buch. Der Alleinreisende kann sich die Mitreisenden nicht aussuchen. Gespräche, die er nicht hören will, werden ihm aufgedrängt. So die Aussage eines Mitreisenden, der seinen Urlaub in Österreich verbracht hatte, dass der Kaffee in Deutschland viel besser als der Kaffee in Österreich sei.

Da ich durch langjährige Erfahrung zutiefst vom Gegenteil überzeugt bin, war diese Aussage sehr verblüffend. Ein anderer Mitreisender steigerte sie noch: „Der Kaffee in Deutschland ist überhaupt der beste auf der ganzen Welt." Eingeschüchtert vertiefte ich mich in die ausgefallenen Abenteuer des Helden meiner Reiselektüre.

Aber weitere Fragmente der Konversation waren unüberhörbar. Allerdings, nach dem positiven Kaffeeanfang wurde die Stimmung jetzt depressiver. Vieles sei in Deutschland nicht in Ordnung. Das Bankwesen, die Politik – mit allem wäre es schlecht bestellt. Mies – das wäre hier wohl das richtige Wort. Als ich dann in Köln umsteigen und die Mitreisenden verlassen musste, war mir alles klar. In Deutschland ist nur der Kaffee gut.

Jede Reise ist ein Gleichnis. Auch wenn keine sechshundert Ordensfrauen mitfahren, erinnert das Unterwegssein an die Lebensreise, die der Mensch zu machen hat. Er kann sich die Mitreisenden nicht alle aussuchen. Ungebeten berühren Fragmente anderer Existenzen das eigene Dasein. Banalität anderer berührt die eigene Alltäglichkeit. Das ist einem manchmal zuwider. Nicht immer. In dieser Begegnung der Gewöhnlichkeit eröffnen sich gelegentlich auch die Herzen der Menschen. Nicht, weil sie so geistreich und stark, sondern weil sie so alltäglich und hilflos sind, erkennen wir uns in anderen Menschen wieder.

Auf dem Bahnhof in Brixen hatten wir lange auf das Eintreffen des Zuges warten müssen. Zwei Stunden. Und siehe da! Auf einmal haben wir miteinander zu reden angefangen, lauter Banalitäten. Aber seitdem hat der Bahnhof von Brixen für die, die damals gewartet und geredet haben, einen anderen Namen. Der Bahnhof ist nicht mehr der „Bahnhof des ärgerlichen Wartens“, sondern: der „Bahnhof des Einverständnisses“.

Die Zeitungen meinen es gut mit uns. Sie machen sich Sorgen um uns. Darum bringen sie uns nicht nur Information, sondern auch Lebenshilfe. Zum Beispiel Tests. Diese Tests dienen dazu, dass der wohl als unbeholfen, vielleicht auch als ein wenig debil eingeschätzte Käufer der Zeitung sich selbst besser kennen lernen kann. „Psychotest“ nennt sich dieser Leserdienst und verspricht ein „Reiseführer in das Land der Seele“ zu sein. Nun, wer möchte dieses Land der Seele, besonders der eigenen Seele, nicht betreten? Und wer braucht da keinen Reiseführer? So nahm ich den Psychotest ernst.

Die anstehende Frage war: „Genießen sie jeden Moment?“ Diese Frage scheint leicht und auch ohne Test beantwortbar zu sein. Gute Antworten scheinen mir: „Manchmal schon, aber nicht immer.“ Oder auch: „Es kommt auf den Moment an!“ Aber so einfach ist der Eintritt in das Reich der Seele nicht. Um es genau zu wissen, sind zehn Fangfragen zu beantworten, wobei es jeweils vier mögliche Antworten gibt. Zum Beispiel: „Sie werden eingeladen. Zu einem köstlichen Mahl in einem Spitzenrestaurant. Was fällt Ihnen am ehesten dazu ein?“ Nun, ich entschied mich für Antwort D: „Klingt angenehm.“ Für diese Antwort bekommt man allerdings nicht viele Punkte. Ein Lebensgenießer ist man mit einer solchen Einstellung nicht. Zwar ist man besser als der, der zur Einladung meint: „Klingt anstrengend, wenn ich mir die strengen Blicke der Ober vergegenwärtige.“ Aber man rangiert weit unter dem, dem bei der Einladung am ehesten einfällt: „Dass ich genießen kann, ohne dafür bezahlen zu müssen.“ Dass das Feiern auf Kosten anderer mich erst zum echten Lebensgenießer macht, war überraschend.

Wer dann weiter versucht, der eigenen Seele auf die Schliche zu kommen, steht vor der Frage: „Welche Filme sehen Sie am liebsten?“ Die angebotene Auswahlmöglichkeit ist gering. Ich kreuze „Gesellschaftskritische Problemfilme“ an. Damit erhält man allerdings keine Punkte. Schon der, der sich für Tierdokumentationen interessiert, ist der bessere Lebensgenießer und wird wenigstens mit drei Punkten belohnt. Was natürlich noch nichts ist im Vergleich mit dem wirklichen Lebensgenießer, dem mit den neun Punkten. Der schaut sich schon ganz andere Filme an! Filme mit „Action und Spannung, bei Sonne, Strand und Lebenslust“.

Sind Sie einer, der bei einem „rauschenden Fest am Abend“, mit Blick auf den nächsten Arbeitstag, das Fest wieder rechtzeitig verlässt? Null Punkte! Richtige Pluspunkte bekommt man erst, wenn man bis zur letzten Minute bleibt und zum „harten Kern“ gehört. Dann ist man ein wahrer Lebensgenießer. Einer, für den der Augenblick zählt. So heißt es in der Auflösung. „Wilde Lebensgier treibt Sie vorwärts.“ Ich aber, mit meinen Nullpunkten, ich lande wohl in der letzten Kategorie. „Der Genuss des Augenblicks ist Ihnen zu wenig. Wichtig ist die Zukunft.“ Einer also, der am Leben vorbei, griesgrämig in die Zukunft schaut. Einer, dessen Seele kein Ferienparadies ist. Eher ein Entwicklungsland, wo es wenig zum Lachen gibt. Sie hätten einen lebensfroheren Autor verdient.

Nun hat er seinen Koffer gepackt. Er kann „aufbrechen“. Das ist auch die ursprüngliche Bedeutung des Wortes Reise, althochdeutsch „reisa“: „Aufbruch“.

In einer Parabel beschreibt auch Kafka diese Ursituation aller Reisenden als ein Aufbrechen. „Wohin reitest du, Herr?“, fragt noch der Diener. Und die Antwort des aufbrechenden Herrn: „Ich weiß es nicht. Nur weg von hier. Weg von hier, das ist mein Ziel.“ „Der Aufbruch“ nennt Kafka diese Geschichte. Und der Grund dieses Aufbruches? „In der Ferne hörte ich eine Trompete blasen.“ Der Diener aber hatte nichts gehört.

Seit Jahrtausenden haben Menschen jene Trompeten der Ferne gehört. Weg von hier. Zahllose Bücher füllen ihre wahren und erfundenen Abenteuer. Einer dieser ersten Reisehelden war Odysseus, allerdings wird er von Homer als ein Held auf der Heimreise beschrieben. Nun, auf dieser Reise gibt es eine Szene, die uns ahnen lässt, dass dieser Odysseus nicht nur ein unüberlegter Aufbrecher war. Seine Reise führte ihn an den gefährlichen Sirenen vorbei. Das sind Damen, die mit ihrem unwiderstehlichen Gesang die Vorüberfahrenden ins Verderben locken. Odysseus findet eine gute Lösung zwischen Neugierde und Vorsicht. Er lässt sich an den Mastbaum des Schiffes binden. Nun kann er den Gesang hören, ohne einem letzten Risiko ausgeliefert zu sein.

Dieser Odysseus erinnert stark an den modernen Reisenden, der sich in eine verführerisch-schöne, aber auch gefährliche Bergwelt hineinbegeben hat, gut abgesichert in der Kabine einer Seilbahn. Wohl kaum ein Abenteurer wie Odysseus ist in dieser Situation der Tourist, der sich das Gebotene „mal angucken“ will, sogar bereit, dafür ein Eintrittsgeld zu bezahlen. Der moderne Tourist vermag zwar noch die Trompeten der Ferne aus seinen glänzenden Reiseprospekten zu hören, und etwas Aufbruchsstimmung spürt er schon noch. Aber so schlecht sind die Bundesbahnen auch wieder nicht, dass jede Zugfahrt als ein ungewisses Abenteuer zu betrachten wäre. Und unsere Lokführer haben deutlichere Ziele vor Augen als nur „weg von hier“. Der Koffer ist gepackt. Ob wirklich ein Aufbruch stattfinden wird?

Der große Kirchenvater Augustinus schreibt in der Geschichte seines Lebens, in den „Confessiones“: „Die Menschen gehen hin und sehen staunend die Gipfel der Berge und die Fluten des Meeres ohne Grenzen, die weit dahinfließenden Ströme, den Saum des Ozeans und die Kreisbahnen der Gestirne, aber sie haben so nicht Acht ihrer selbst." Haben nicht Acht ihrer selbst: So ist es. Das Land der Seele ist ein vergessenes Reiseland.

Er hat seinen Koffer gepackt. Man kann ihm wünschen, dass er wirklich aufbricht. Man kann ihm wünschen, dass er auch das Land der Seele bereisen wird. Oder wird er auch hier ein vorsichtiger Odysseus sein, ein Tourist seiner selbst? Einer, der seine Seele unter einer Glasglocke hält: Bitte nicht berühren!

Er hatte so manche Überlegung über das Reisen angestellt, von der Schwierigkeit des Kofferpackens bis zur Möglichkeit einer Reise in das Land der Seele. Sie konnten davon lesen. Nun jedoch ist es so weit: unser Held wird seine Reise antreten.

Um sich ein Taxi zu sparen, schleppt er mühsam mit den öffentlichen Verkehrsmitteln seinen Koffer zum Bahnhof. Denn in gewissen Bereichen des Lebens, leider nicht in allen, hat er eine sparsame Art. Der Tag hat kaum angefangen, und schon ist es heiß in der Stadt. Unser Held, der mehr zu Selbstmitleid als zu Tapferkeit neigt, bedauert, dass er es nicht doch nur bei einer Reise in die Seele hat bewenden lassen. Aber nun ist er am Bahnhof und das Schlimmste ist überstanden. Bahnhöfe sind Orte, wo Menschen, die nichts voneinander wissen, eine menschliche Grunderfahrung miteinander teilen. Sie warten. Bahnhöfe sind Orte des Wartens. Das Warten der Abreisenden vermischt sich mit dem Warten auf die Ankommenden. All diese Menschen mit verschiedenen Zielen, Plänen, Herkünften, Zukünften: gemeinsam warten sie auf den Ablauf ihrer Zeit, bis die Stunde gekommen ist. Allgegenwärtig ist die Zeit in der Bahnhofshalle: Bahnhofsuhren, Ankunftszeiten, Abfahrtszeiten, Verspätungen. Die Leute alle voll bepackt, schnell noch Reiseproviant und Zeitungen gekauft. Und alles ist darauf reduziert, den Ablauf der Zeit abzuwarten. Alle, die Geschäftsfrau, der Romfahrer, der Vortragsreisende: in einer merkwürdigen Gleichheit sind alle nun Wartende geworden. Mag sein, dass dies auch einer der Gründe ist, weswegen Bahnhöfe immer wieder und überall zu Sammelplätzen jener Menschen werden, die an den Rand des Lebens geraten sind. Hier brauchen sie keine Daseinsberechtigung nachzuweisen. Hier sind sie wie alle: Wartende – auf etwas, das nun schon so viele Jahre Verspätung hat.

Als unser Held dann am Bahnhof stand, ein Wartender unter Wartenden, waren seine Gedanken so: „Wir, die Wartenden, was ist es wohl, was wir brauchen?“ Die Wartenden brauchen einen Wartesegen.

„Wollen Sie eher einen Rotwein oder eher einen Weißwein?“ So fragte der Kellner die Gäste. Die Frage nach dem, was man eher wollte – nicht was man wollte –, gab dem Freundestreffen, bei dem auch ich anwesend war, eine gewisse Unentschiedenheit, die man dokumentierte, indem man einen Rosé bestellte.

Die Frage nach dem „eher“ ist nicht selten. Glauben Sie an Gott? Ja / nein // Eher ja / eher nein? Oder im Supermarkt, wo man gefragt wird, ob man mit dem Angebot zufrieden sei? „Eher nein“, denkt sich der Kunde, aber er kreuzt „eher ja“ an, weil er die Superleute nicht verletzen will. Und denkt sich: „So groß ist der Unterschied zwischen ‚eher ja‘ und ‚eher nein‘ nun auch wieder nicht.“ Tatsächlich: man betritt mit dem Wort „eher“ ein Niemandsland, wo alles unentschieden ist. Alles ist weder Fleisch noch Fisch, sondern eher Fleisch oder eher Fisch. Die Leute haben keine Namen, sondern heißen eher Maier oder eher Müller. Alles ist unentschieden: eins zu eins sozusagen. Bleibt die Frage: Hat man dann eher gewonnen oder eher verloren?

Die Bergkinder haben ihre Grotten.
Hier hüten die Mütter das Feuer
und die Kinder bemalen die Wände.
Die Bergkinder finden Geborgenheit.

Die Waldkinder haben ihre Höhlen.
Leicht können sie sich verstecken.
Kein Jäger wird sie finden.
Die Waldkinder sind in Sicherheit.

Aber die Strandkinder –
was ist mit den Kindern am Strand?
Ihre Sandburgen halten nicht gegen die Flut.
Ihre Sandmulden werden leicht überschwemmt.
Die Strandkinder leben in der Weite,
wehrlos und vogelfrei.

Aber tapfer gehen sie dem Wasser entgegen
und machen es schwimmend
zum Kameraden im Spiel.
Im Winter machen sie lange Spaziergänge
und spüren am Strand die Kraft des Lebens.
Sie lachen.

Und auf den Wellen des Meeres ein Fischer,
der schaut und uns sagt:
Lerne von den Strandkindern,
dich nicht zu verstecken.
Verlass deine Höhle,
suche die Weite wie ein Vogel.
Dein Lachen sei stärker als deine Angst.
Was dich bedroht, kann so
dir werden zum Freund.

I.

Von Goethe wird erzählt, wie er in depressiver Situation immer zwei Auswege gefunden habe, wieder mit sich selber und der Welt ins Reine zu kommen. Der eine Weg zum Gleichgewicht war für ihn: das Reisen. Der andere: das Dichten. Unsereiner ist wahrscheinlich schon mit dem Reisen zufrieden.

Dieses heilende Reisen hat seine vereinfachte Form im Spazieren. Solche begütigenden Erfahrungen verbinden wir vor allem mit Wanderungen durch die Natur. Was ist aber mit dem Stadtspaziergang? Begleitet die Weisheit uns auch beim banalen Stadtbummel? Ich bin davon überzeugt. Nicht nur die Denkmäler sind sehenswert. Auch die gewöhnlichen Straßen und Plätze der Stadt bieten uns Denkzeichen. Auch die Hochhäuser, wo man die beleuchteten Fenster sieht, erzählen von der Suche des Menschen nach Geborgenheit. Die tapferen, standhaften Stadtbäume: wie oft haben wir vor lauter Wald die Bäume nicht gesehen. Die Kirche: Haus, wo jeder eingeladen ist. Das Museum: Haus, wo die Schönheit wohnt. Das Kino: Raum, wo die Träume warten. Aber die Einkaufsstraßen, die Geschäfte? Sie sprechen nicht nur marktschreierisch zu uns. Sie erzählen auch von den Bedürfnissen des Menschen, von seiner Sorge und seiner Freude. Der Mensch: Er, der überall in der Stadt anwesend ist und das eigentliche Leben der Stadt ausmacht. Jedes Gesicht erzählt eine Geschichte. Ein junges erzählt die Geschichte der Hoffnung, aber auch schon von Verletzungen. Ein altes von der Sorge; von bitterer Enttäuschung, aber auch von Friede und Erfüllung. Und jeder Mensch ein Geheimnis, das fragen lässt: woher? warum? wozu?

Die Stadt hat ihre eigene Weisheit und ihre eigene Poesie. Gedichte entstehen nicht nur im Wald, sie können auch in der Fußgängerzone geboren werden. Vielleicht kommt der, der sich mit Recht nicht mit Goethe messen und nur einen kleinen heilenden Stadtbummel machen wollte, doch mit einem Gedicht nach Hause. Die Stadt ist ein Land der eigenen Nachdenklichkeit. Es grenzt an das Land des Betens. Ein Stadtspaziergang führt nicht unbedingt durch das Land der Gebete. Aber leicht überschreitbar ist die Grenze.

II.

Das Wort „schlendern“ hat keinen guten Ruf. Das sinnverwandte Wort „gehen“ schon. Gehen ist ein tiefes Wort. Es erinnert an das Leben selbst. Leben wird gelegentlich als Weg gedacht, als Lebensweg. Gehen erinnert an die guten, aber auch an die bedrohten Wege, die Menschen zu gehen haben. Wege der Sorge, Wege der Begegnung, aber auch traurige Wege: Flüchtlingswege, letzte Wege.

Gehen ist ein Wort, das darum gerne von Dichtern aufgenommen wird. Es ist auch im religiösen Bereich ein bedeutendes Wort. Aber das Schlendern? Schlendern ist doch wohl eher die schlampige Form des Gehens. Ein Schlenderer ist nicht so zielbewusst wie ein Geher. Er tut nur, was ihm gerade so einfällt. Mal wieder eine andere Straße, mal wieder dort schauen. Ein Schlenderer ist nicht so energisch wie ein Geher. Eigentlich macht er einen faulen Eindruck. Bald ist er müde, muss er wieder einen Kaffee trinken, muss er unbedingt auf einer Terrasse sitzen und sich die Passanten anschauen. Ja, ein Schlenderer bringt es nicht weit. Doch die Faulheit des Schlenderers hat auch seine Vorteile. Ein Schlenderer ist einer, der schaut. Ein Schlenderer ist einer, der sich überraschen lässt. Wenn du ihm begegnest, murmelt er nichts über Termine. Er macht mit dir keine vage Vereinbarung des „Zusammenrufens“. Er lädt dich sofort auf einen Kaffee ein. Er macht dich zum Komplizen seiner Faulheit. Ein als Zauberin verkleidetes Mädchen drückt dem Schlenderer einen Flugzettel in die Hand: „Das andere Lotto“. „Ich spiele nie im Lotto“, erklärt ihr der Schlenderer. „Dann wird es aber Zeit“, meint die Zauberin. Und tatsächlich: Beim Weitergehen träumt er auch schon vom Millionärsdasein. Denn: Ein Schlenderer hat viele Träume. Manchmal werden sie zu Poesie. Schlendern ist kein Dichterwort wie gehen, aber mancher, der zum Schlendern auszog, ist schon mit einem Gedicht nach Hause gekommen.

Vom Sammler zum Geizhals ist ein kurzer Weg. Ein Sammler beeindruckt. Er ist in unserer Wegwerfgesellschaft einer, der aufbewahrt und hütet. Einer, der Sorge hat um die Dinge und Ehrfurcht vor dem Vergangenen. Leider ist der sorgfältige Sammler auch gefährdet. Leicht wird aus ihm ein Geizhals, kurz ist dieser Weg.

Solche kurzen Wege gibt es mehrere. Kurz ist der Weg vom Tapferen zum Phantasielosen, der nur deswegen keine Angst kennt, weil ihm nichts einfällt, was ihn erschrecken könnte. Kurz ist der Weg vom kritischen Denker zum Nörgler ohne Mitleid, vom Erzähler zum Schwätzer, und so weiter.

Und was kann man gegen solche Abkürzungen tun? Wie können sie sich schützen: der Sammler, der Tapfere, der Denker, der Erzähler? Das weiß ich natürlich auch nicht. Ich weiß nur, was ich selbst tue, um in den Wirren des Alltags einen klaren Kopf zu behalten.

Ich gehe dann spazieren durch die Straßen der Stadt, wo ich wohne. Ich höre auf die Musik der Straßenmusiker. Am liebsten höre ich einen Gitarrespieler in einer einsamen Straße. Großzügig teilt er sein Lied und lehrt den Geizhals, was es bedeutet, großzügig zu sein. Gelegentlich gibt es Straßentheater, Straßenclowns. Hier kann der Nörgler das Lachen wieder üben.

Hier gibt es eine Schule der Phantasie. Und überall sind hier die Menschen, die einander etwas erzählen, einander etwas berichten. Hier kann der Schwätzer wieder zum Hörenden werden, der Phantasielose zum Märchenerzähler, der Geizhals zum Schenkenden, der Tapfere zum Menschen wie du und ich. Nicht die Abkürzung des Eiligen, sondern der Weg des Schlenderers führt uns weiter.

Schon oft habe ich Wien-Besucher durch die Stadt geführt, besonders durch die Innere Stadt, die City, wie sie jetzt im Touristendeutsch oft genannt wird. Dabei lernt man selbst sehr viel, wenn man beobachtet, wie jeder Tourist seinen eigenen Blick für gewisse Dinge hat.

Eine Tante staunte bei allen großen Räumen, egal ob Hofburg oder Stephansdom: „Wie halten die das sauber?" Dabei dachte sie wohl an die tägliche Pflege ihres Haushaltes in der kleinen Amsterdamer Wohnung.

Ein emeritierter Universitätsprofessor dagegen erklärte vor der Wienbesichtigung, dass ihn Gebäude nicht interessieren. Da bleibt dann bei einem Wien-Rundgang an Herzeigbarem sehr wenig übrig. Bis der Professor selbst auf den Gedanken kam, in der Nationalbibliothek nachzuschauen, welche seiner Bücher dort vorhanden seien. In der Bibliothek verbrachte der Forscher dann glückliche Stunden, wie zu Hause.

Pflegeleicht war der Besuch eines fleißigen, korrekten Lehrers. Er hatte sich vorbereitet wie für die Schule. Er brauchte nur das Programm, den Lehrplan sozusagen, durchzuziehen. Da er wirklich fleißig war, gelang es ihm einmal, einen Plan für zwei Tage in einem Tag abzuwickeln. Am Abend erklärte er zufrieden: „Morgen habe ich einen freien Tag." Wie ein Arbeitnehmer vergnügt über die unerwartete Freizeit, verbrachte er den Tag im Schanigarten mit Kaffee und Zeitungen. Das war wohl der schönste Tag seines Wien-Besuches.

Es hat jeder Tourist seinen eigenen Blickwinkel. Mit allem Reisegepäck hat er auch diesen von zu Hause mitgenommen.

Nun hatte er in der fremden Stadt den Fuß an Land gesetzt. „Stadt in Sicht!“, hatte vorher der Zugfahrer erleichtert durch die Sprechanlage des Zuges gerufen. Nun war er angekommen, unser Held, unser kleiner Kolumbus, und er schickte sich an, die Stadt zu besichtigen.

Für die Besichtigung einer fremden Stadt gibt es bekannterweise verschiedenste Verhaltensweisen: die des fleißigen Schülers oder die des faulen Konsumenten und so weiter. Er wählte die Weise des wunderlichen Fragens. Denn wer bei der Besichtigung einer fremden Stadt Wunderliches fragt, macht merkwürdige Erfahrungen.

Wer sich zum Beispiel nach dem Reiterdenkmal erkundigt, weil er sich an den normalen Touristenplan halten will: Nun, er bekommt tatsächlich das Reiterdenkmal zu sehen. Ihm geschieht recht. Wer aber nach dem „wundersamen Denkmal“ fragt, wird an einen geheimnisvollen Ort geführt, wo sonderbare Philosophen umhergehen und einander zurufen: Denk mal!

Wer „Die wirkliche Sehenswürdigkeit dieser Stadt“ sehen will und danach fragt, wird auf einen sanften Hügel geführt, von wo aus man in das Tal des Trostes blicken kann. Er wird spüren, wie seine Augen, durch Fernsehen an Bilder des Bösen gewöhnt, geheilt werden und wieder des Sehens würdig werden. Er sieht wieder den Trost der Ferne.

Zu fragen ist auch nach der Brücke des Lachens, jene gefährliche Brücke über den Fluss, wo man, ehe man sie betritt, zuerst einem Kind etwas schenken muss. Nein, nein – kein Geld: Eine Geschichte ist zu erzählen. Und das Lachen des Kindes wird dir zum Brückensegen. Du kannst lachend den Fluss überqueren.

Wer nach dem Haus fragt, wo die Schönheit wohnt, wird zwar ins normale Museum geführt, aber in einen für Touristen nicht zugänglichen Raum. Hier kannst du das Bild der „Dame mit Rose“ betrachten. Seitdem weißt du, warum das Malen erfunden wurde.

Wer nach dem Park fragt, wo am Abend die Blumen singen, wird in einen Hinterhof voll unerwarteter Blumen geführt. Jeden Abend singt dort jemand am Fenster das Lied von der Beharrlichkeit der Blumen. Es ist unmöglich, dieses Lied nachzusingen oder es aufzuschreiben. Wer es aber gehört hat, trägt es lebenslang in seinem Herzen. Vieles gibt es zu entdecken, was nicht im Reiseführer steht. In welchem Reiseführer steht schon jene Kirche, die gebaut wurde aus den Gebeten der Armen?

Mit der Frage nach dieser Kirche bist du schon in der Nähe der letzten ungewöhnlichen Frage. Sie lautet: Wo wohnt hier Gott? Auf diese Frage wirst du viele Antworten erhalten. Das ist nicht schlimm. Der Weg ist richtig, weil die Frage richtig ist. Denn das Fragen ist ein Teil des Weges.

I.

„Zu den heiligen sieben Zufluchten“. Das ist der ungewöhnliche Name einer Kirche in Wien. Allerdings ist diese Kirche eher als „Altlerchenfelder Kirche“ bekannt. In dieser Kirche sind die sieben Zufluchten auch bildlich dargestellt. Es sind: die Heiligste Dreifaltigkeit, der gekreuzigte Heiland, die Eucharistie, die Gottesmutter, alle Heiligen, die Schutzengel und die Armen Seelen.

Nun, gibt es auch profane Zufluchten? Sogar sieben? Mir fällt nur eine ein: ein Kaffeehaus.

Ein Kaffeehaus: ein Zufluchtsort. Es ist einer der Orte, wo wir die Arbeit unterbrechen, uns nach der Arbeit treffen. Kaffeehäuser haben ihren eigenen Geruch, ihre eigene Atmosphäre. Die vielen kleinen Tische und Sitzecken deuten schon auf den eigenen Charakter dieser Orte hin: Distanz und Nähe. Nähe: Auch der einsame Leser ist hier nicht allein. Distanz: Die beiden, die miteinander reden wollen, sind hier ungestört.

Auch die Bräuche im Kaffeehaus haben diese Mischung. Die Rituale der Begrüßung, des Bestellens oder des Bezahlens haben die Distanz des Formelhaften, aber auch eine menschliche Nähe: beides, wirklich eine Mischung, eine Melange sozusagen. In den Evangelien ist von drei verschiedenen Wirtshäusern die Rede. Jene abweisende Herberge in Betlehem, wo es keinen Platz mehr gab. Nun wird man sie nennen: „Wo die Zukunft versäumt wurde“. Dann die Herberge auf dem Weg nach Jericho, wo der barmherzige Samariter den verwundeten und ausgeraubten Reisenden untergebracht hat. Für immer wird der Ort den Namen tragen: „Wo die Verletzungen geheilt werden“. So dramatisch geht es in den Kaffeehäusern nicht zu. Aber manchmal verdienen auch sie ein wenig diesen Namen. Weil der Mensch sich hier des Menschen annimmt und sich einer des anderen erbarmt. Zu erinnern wäre noch an ein drittes Wirtshaus im Evangelium: jenes Wirtshaus in Emmaus, wo den Menschen die Augen aufgegangen sind. „Wo die Augen geöffnet werden“: Das wäre ein guter Name für jenes Wirtshaus in Emmaus, aber auch für so manches Kaffeehaus in Wien.

Kaffeehaus: ein Zufluchtsort. Schon dieser eine Zufluchtsort genügt mir. Mag sein, dass der kluge Zufluchtsnehmer sieben profane zu den sieben religiösen Zufluchten findet. Ach, wie erträglich wäre ein solcher profaner Alltag!

II.

Nicht jede Wiener Straßenbahn führt zum Heurigen. Am Endpunkt von so mancher Linie wartet ein Krankenhaus, ein Friedhof. Eine solche Straßenbahn ist ein geeigneter Ort für Depressionen. Zwar hat die Linie schön angefangen: die Ringstraße, die Oper. Das ist alles schön und vertraut. Aber dann führt der Weg durch graue, unüberschaubare Außenbezirke. Traurig: Wie in einem preisgekrönten Film eines jungen, ehrgeizigen Filmemachers. Hier beginnt der unaufhaltsame Aufstieg depressiver Gedanken. Obwohl stolzer Besitzer eines Fahrscheins bist du zum Schwarzfahrer geworden. Sicher, für den Verkehrsverbund Ost-Rejjgion bist du okay. Aber deine Seele hat sich verdunkelt, ist schwarz geworden und mit ähnlichen Schwarzfahrern sitzt du hier. Mit Leuten, die nichts zum Lachen haben. Einer, der ein Gespräch suchte, aber nur Konversation fand. Einer, der ein Fest wollte und eine Party bekam. Einer, der für andere ein Platzanweiser sein möchte, aber zum Kontrollor gemacht wurde. Einer, der Luftballons verschenken wollte, aber die Luft ging ihm aus. Und ähnlich Enttäuschte.

Nun aber hat diese Straßenbahn wieder gehalten. Eine Frau ist eingestiegen. Sie ist keine Schwarzfahrerin, sondern eine Quereinsteigerin, die die Sonne trägt wie einen Frühlingsschleier, der ihr gut zu Gesicht steht. Ihr Gruß ist ein Freispruch. Ihr Lächeln ein Reisesegen. Ihre Anwesenheit eine Gnade.

Wie ist ihr Name? Mit welchem Namen sollen die Schwarzfahrer sie, die Versöhnende, benennen? Vielleicht: Quereinsteigerin gegen die Schattenboxer? Oder auch: Engel des letzten Trostes? Oder: Die, die auf der Schwarzfahrt des Lebens weiß, wo die Zufluchtsorte sind.

Als mein Bruder starb, war sein letztes Wort, ehe er ins Koma geriet, ein sehr unerwartetes. Es war der Name eines Landes: Spanien. Nach mehreren Gehirnschlägen litt mein Bruder schon seit Jahren unter einer Aphasie. Das ist eine Krankheit, bei der man die Buchstaben und Worte durcheinander bringt. Es ist für den Betroffenen ein großes Leiden. Auch weil die Umgebung manchmal glaubt, dass der Patient geistig nicht mehr so gut beisammen ist. Was aber nicht stimmt. Der Patient weiß sehr gut, was er will, was er sagen will. Nur kann er es nicht mehr so gut.

Mit unglaublicher Willenskraft und sehr viel Übung gelang meinem Bruder doch ein gewisses Maß an Verständigung. Aber nicht immer. Er verwendete dann Worte, die etwas anderes bedeuteten. Die Familie verstand, was er meinte. So das Wort Spanien. In einer berührenden Begrüßung beim Begräbnisgottesdienst im sommerlichen Brabant ging sein Sohn darauf ein. Spanien, so erklärte er, war für seinen Vater ein Wort für „irgendwo anders". Ein anderes Wort für einen anderen, besseren Ort, weg vom Alltag, mit seiner Banalität und auch seinem Leiden. Und der Sohn, mein Neffe, sprach noch davon, wie sein eigener Sohn, ein kleiner Bub, im kindlichen Halbverstehen des Sterbens, für den verstorbenen Großvater eine Tafel Schokolade habe kaufen wollen. Zur Mitnahme für unterwegs ins Unbekannte.

„Mein Vater auf der Reise in das Land Anderswo", sagte mein Neffe, „jenes Land, das er Spanien nannte. Ob er den Weg findet? Der Vater hatte ein erstaunliches Richtungsgefühl. Er wusste immer den Weg. Und so wird er es wohl auch erreichen, dieses unbekannte Land. Mit in der Tasche die Tafel Schokolade des Enkels."

Mein Vater war ein Mensch, der sich schwer tat, über sich selbst zu reden. Einmal aber hat er uns erzählt, wie er in seiner Jugend von der Ferne und von einem Schiff geträumt habe. Das sei sein Jugendtraum gewesen: Auf einem Schiff in der Buchführung zu arbeiten. Dann aber habe er sich „erfangen". So wurde er Bankangestellter, ein Leben lang. Die Bank ging Fusionen ein, wechselte den Namen, wurde schließlich zur Amrobank. Er blieb lebenslänglich dieser Bank treu.

Erst später, als Rentner, wurde er etwas vagabundischer, wechselte öfters die kleinen Nebengeschäfte, eine Buchführung bei einem Hühnerbetrieb, dann wieder bei einem großen Tulpenbauern usw. (Die Familie wurde entsprechend einmal mit Eiern, dann wieder mit Tulpen betreut.) Vielleicht waren doch die alten Träume in ihm wach geworden, das Schiff, die Ferne ... Aber davon sprach er nicht.

Mein Bruder war dabei, als der Vater starb. Er starb ohne allzu viele Schmerzen, wissend um das Ende, mit einem gewissen Staunen. Da er immer die wichtigen Daten der Familie im Kopf gehabt hatte, wollte er auch jetzt wissen, welcher Tag des Monats es war, welches Datum sein Sterbetag war. „Ich habe eine gute Familie gegründet", sagte er noch. Das war für ihn die Bilanz des Lebens. Über das Schiff hat er dann nicht mehr gesprochen.

Ein Mensch träumt von der Ferne, von fremden Ländern, vom Vagabundieren, oder wenigstens vom Reisen. Aber er ist auch einer, der einen Ort sucht, wo er Heimat findet, ein Haus baut, Familie gründet, wohnen kann. In ihm lebt ein kleiner Vagabund, der eine Urlaubsreise angefangen hat. Aber in ihm lebt auch einer, der nun wieder froh ist, dass er zurückgekehrt ist.

Weil ein Haus zerstört werden kann,
nicht aber die Ortssuche der Menschen:
Weil Sprache überhörbar ist,
nicht übersehbar das Gesicht,
das dich anschaut:
Weil Anrufbeantworter dich ausreden lassen,
Fragen aber unbeantwortet bleiben:
Weil Wörter vervielfältigt werden,
Einsame aber auf Briefe warten,
die nie geschrieben wurden:
Weil es Angebote gibt, mehr als genug,
Glück aber nicht käuflich ist:
Weil Kinderspielzeuge käuflich sind,
Kinder aber nicht umarmt werden:

Um Ehrfurcht.
Um Annahme.

# sprache

stro

I.

„Die Wiener Verkehrsbetriebe kommen auf nahezu zwei Millionen Beförderungsfälle pro Tag." So konnte man einmal lesen. Der Satz hat mich enttäuscht. Normalerweise wird man von den Verkehrsbetrieben als „Sehr geehrter Fahrgast!" angesprochen. Zwar ist, was dann folgt, meist Unangenehmes: eine Verspätung oder zumindest etwas Erzieherisches, aber das stört wenig, weil man es sowieso akustisch nicht versteht. Aber immer gut hörbar ist diese angenehme Anrede „Geehrter Fahrgast!" Und so hat man sich dann auch gefühlt: als Gast. Aber siehe nun! Er, der selbstbewusste Fahrgast, der sich als das Lieblingskind der Verkehrsbetriebe glaubte, er ist für diese Betriebe nicht mehr als ein Beförderungsfall. Bekümmert fragt er sich: Vielleicht gilt das überhaupt? Vielleicht bin ich beim Arzt nur ein Krankheitsfall? Im Modegeschäft nur ein Bekleidungsfall? In der Kirche ein Kommunionfall? Und auf der Welt überhaupt nur ein Fall – wenn nicht gleich ein Unfall? Das sind deprimierende Gedanken! Sie entstehen durch unseren manchmal neurotischen Zwang zur Statistik. Alles wollen wir zählen: die Zahl der Blitze und der vorbeifahrenden Autos. Eine Dame namens Gerti Senger hat einmal angefangen, die intimsten erotischen Handlungen der Österreicher zu zählen und hochzurechnen. Und viele geben jener Sex-Tante die ersehnte Auskunft. Ob dieses Wissen etwas nützt? Es hat eine Zeit gegeben, da hat man Wissen und Weisheit unterschieden. Aber das ist schon lange her. In alte Zeiten führt uns auch jene biblische Erzählung zurück, wo Gott Adam beauftragte, den Tieren Namen zu geben. Benennen muss Adam, nicht zählen. Benennen wäre auch für uns der Anfang der Weisheit, meine ich. Den Fällen einen Namen geben: den Tieren, den Reisenden, den Liebenden ...

II.

Gelegentlich nehme ich an Sitzungen teil, wo man nachher erklären muss, wie es einem wohl dabei ergangen sei. Das Ergebnis der Besprechung ist anscheinend weniger wichtig als das Wohlbefinden der Gesprächsteilnehmer. Wie es einem dabei ergangen ist, wird gefragt. Sozusagen: Der Weg ist das Ziel. Nun, ich erkläre, dass es einige Wörter gibt, bei denen es mir nicht gut geht, wenn ich sie höre. Das sind die Wörter „Partnerschaft“ und „Elternteil“. Mir geht es ausgesprochen schlecht bei diesen Wörtern. Natürlich wird sich Ihr Interesse für mein Wohlbefinden in Grenzen halten. Aber da es der Zeitgeist nun einmal so will, erkläre ich es Ihnen.

Das Wort Partnerschaft: Ich habe nichts gegen dieses Wort. Ich mag es nur nicht, wenn es in Zusammenhang mit Liebe und Ehe verwendet wird. Eine partnerschaftliche Ehe kommt mir vor wie eine Firma. Ich finde immer noch, dass in einer Ehe Menschen Liebende sein sollten. Liebende, das ist doch viel mehr als Partner. Partner können auseinander gehen. Liebende fühlen sich verantwortlich und bleiben treu. In bösen Tagen, was wohl selbstverständlich ist, wenn man nicht ganz und gar ein Schuft ist. Aber auch in guten Tagen, wo man sich so leicht auseinander lebt und einander nicht braucht. Ich verstehe natürlich schon, was man mit dem Wort der partnerschaftlichen Ehe zum Ausdruck bringen will: eine Ehe, in der man einander nicht unterdrückt. Wird das aber durch das katholische Vermählungswort nicht besser zur Sprache gebracht: Ich will dich lieben, achten und ehren alle Tage meines Lebens?

Und das Wort Elternteil? Es hat für mich denselben Hintergrund wie das Wort der partnerschaftlichen Ehe. Es ist die Angst für irgendeine Form der Ungleichheit von Mann und Frau, von Vater und Mutter. Aber möchten Sie wirklich von Ihren Kindern als Elternteil benannt werden?

III.

Das Finanzamt hat Gutes mit mir vor, wie ich vernehme. Es gewährt einen Lohnsteuerfreibetrag. Das finde ich recht nett. Das Jahr fängt gut an. Dennoch stolpere ich über das Wort „gewähren". Denn gewähren, das ist doch: etwas schenken, worauf der andere kein Recht hat? Sicherheitshalber schaue ich in einem Lexikon nach und lese zu „gewähren": erlauben, schenken, geben, angedeihen lassen.

Ich freue mich, dass das Finanzamt mir einen Lohnsteuerfreibetrag angedeihen lässt, aber frage mich doch besorgt, ob das alles wohl mit rechten Dingen zugeht. Mir ist beim Finanzamt ein Recht lieber als die gute Laune eines Angestellten.

Das gilt oft. Wir Christen reden viel über die Nächstenliebe und vergessen dabei leicht auf die Rechte des Nächsten. Der Nachbar in Not hat auch ein Recht auf unsere Hilfe. Beim Theologiestudium war Kirchenrecht nicht meine Stärke. Es interessierte mich nicht. Eigentlich verachtete ich es. Der zuständige Professor bestärkte mich noch in diesem Leichtsinn. In der Zeit des Konzils belehrte er uns, dass das Kirchenrecht bald verschwinden werde. Er selbst sei sozusagen der letzte Kirchenrechtsprofessor überhaupt. Bald werde man ihn im Museum anschauen können. Nach einem vorliegenden schlechten Prüfungsergebnis im Kirchenrecht baute mich der Gedanke an diesen künftigen Museumsbesuch stark auf. Gerne stellte ich mir den Professor in einem Gruselkabinett von Wachspuppen zwischen anderen Kriminellen vor.

Aber zurück zum Recht und seiner Sprache: Die Not der Menschen ist umzubenennen. Wo Not ist, ist Anspruch zu schreiben. Wo Almosen gewähren geschrieben wurde, ist teilen angesagt.

I.

Germanistik studierte ich in Utrecht. Dort gibt es eine Universität, wo es damals sehr würdevoll zuging. Mit Grausen vernahmen wir, dass die Studenten in Amsterdam bei der Vorlesung keine Krawatten mehr trugen. Von solcher Sittenverwilderung waren wir weit entfernt.

Wir standen auf, wenn der Professor hereintrat. In Amsterdam lachte man uns deswegen aus. Unsere Professoren passten gut in diese altmodische Utrechter Szene, besonders Prof. Sparnaay.

Er war ein großväterlicher Typ, der so aussah wie die Bilder verdienter Wissenschaftler. Sparnaay war Spezialist für den mittelalterlichen Dichter Hartmann von Aue. Von diesem sprach er sehr viel, aber nicht nur. Er führte uns auch ein in die geschichtliche Entwicklung der deutschen Sprache.

In diesem Zusammenhang erzählte er uns eine aufregende Begebenheit aus seinem Urlaub. Er sei auf einer Brücke über den Lech gestanden. Dabei habe er sich kopfschüttelnd gedacht: „Merkwürdig, wie ein so unscheinbar schmaler Fluss eine Sprachgrenze bildet. Während der breite Rhein das nicht tut." Damals haben wir mit ihm staunend den Kopf geschüttelt.

Heute tue ich das nicht mehr. Denn es sind tatsächlich die kleinen Hindernisse, die unsere Sprachgrenzen verursachen. Die großen Ideen „Friede", „das Gute" bilden einen breiten Strom des Einverständnisses, auf dem wir gerne miteinander treiben. Wir sind alle dafür.

Aber der weggeschnappte Parkplatz, der unverdiente Spott, die verweigerte Hilfe: Lappalien des Alltags bilden unsere unüberbrückbaren Trennungen, unsere Sprachverweigerungen und Sprachgrenzen.

II.

Es gibt eine andere Sprachgrenze, die einen sehr häuslichen Namen trägt: die Apfel-Pfund-Linie. Sie verläuft bei Frankfurt am Main. Unterhalb dieser Grenze sagen die Leute Apfel und Pfund, oberhalb appel und pond. Frankfurter Appelwein zum Beispiel.

Der häusliche Name gibt einer wichtigen Lautverschiebung eine banale Alltäglichkeit. Der Name erinnert an die Äpfel im Keller und an das Pfund Kaffee, das man gerade gekauft hat. Milde Natur, für Filter gemahlen.

Das hat seine Richtigkeit. Denn unsere Alltäglichkeit, dieser Ort der Sprache, ist auch der Ort des Unverständnisses, der Sprachlosigkeit, der Sprachgrenzen. Wer sich Zeit nimmt, ein Evangelium so aufmerksam zu lesen, als ob ihm dieser Text zum ersten Mal unter die Augen käme, wird staunen, wie sehr Jesus sich über Sprachgrenzen hinwegsetzt. Auch über ganz alltägliche. In allen Evangelien geht es um Tod und Leben und die Überschreitung dieser Grenze. Aber der Ort dieser Grenzüberschreitung ist oft der Alltag. Auch in der Sprache. „Nicht weinen“, sagt Jesus einer Mutter, die um ihren verstorbenen Sohn weint. Oder: „Lasst die Kinder doch!“ zu den erziehungsbewussten Erwachsenen. Oder einfach: „Friede“. Und der Alltag fängt zu leuchten an. Er ist grenzenlos geworden.

III.

Meine Familie betrachtet mich als eine Art Sprachinsel. Sprachinseln, das sind jene Orte, wo die Sprache auf einer älteren Stufe stehen geblieben ist. 30 Jahre bin ich schon fort von meiner Heimat. Und nun rede ich die Muttersprache, wie sie vor 30 Jahren üblich war. Mit Ausdrücken, die damals Mode waren. Für meine Neffen und Nichten bin ich eine Person aus einem historischen Roman.

Ja, die menschliche Sprache ist der Unbeständigkeit anheim gegeben. Neidisch höre ich auf die Sprache der Tiere. Die Hunde bellen immer noch so, wie sie es in meiner Jugend taten. Allerdings glaube ich schon, dass Hunde nicht allzu viel zu sagen haben. Mehr als ein: „Hallo, wie geht es?“, oder: „Wann gibt es hier endlich was zum Essen?“, fällt Hunden nicht ein. Ist mein Eindruck. Eine Tochter des Schriftstellers Thomas

 Mann erzählt, wie sie ihrem Hund beigebracht habe, auf einer speziell konstruierten Schreibmaschine seine Hundegedanken zu schreiben. Wenn der Hund fahren wollte, schrieb er das englische Wort „car“. Das ist natürlich nett. Aber abendfüllend scheint mir diese Unterhaltung nicht. – Vielleicht ist die Sprache der Schmetterlinge abwechslungsreicher. Oder ist die nachdenkliche Sprache der Schildkröten zu lernen?

## IV.

In welcher Sprache haben Adam und Eva sich unterhalten? Ein niederländischer Gelehrter aus dem 16. Jahrhundert, Joannis Gropius, wusste die Antwort: Niederländisch sei die Sprache des Paradieses gewesen. Darüber hat er dann ein Buch geschrieben – um das nachzuweisen. So berichtet der niederländische Autor Harry Mulisch. Mir kommt die Annahme sehr wahrscheinlich vor. In einem übertragenen Sinn. Die Muttersprache, das ist die Sprache des Paradieses.

Vom Urlaub in der Heimat zurück, scheint das Paradies weit weg. Der ganz gewöhnliche Alltag hat uns wieder eingeholt. Die Dinge sind wieder, wie sie waren, auch die kleinen Bitterkeiten des Alltags. Der kirchenfeindliche Nachbar grüßt immer nur noch damit, dass er die Augenbrauen ein wenig in die Höhe zieht. Das ist wenig, aber vielleicht für einen Pfarrerhasser schon viel. Aber auch die kleinen Schönheiten des Alltags sind wieder da. Die vertrauten Straßen, die bekannten Wege und Gassen. Es ist schön wieder zu Hause zu sein. Einmal wieder einen Kaffee trinken zu können ohne die Umständlichkeit der Kaffeehaussuche und ohne die Mühe, dort die Aufmerksamkeit einer überarbeiteten Serviererin auf sich lenken zu müssen. Und auch die Freunde sind wieder da. Die Gespräche werden weitergeführt, wo sie aufgehört haben. Und die Sprache der Gespräche ist die Sprache des Paradieses. Denn mit den Leuten, die man liebt, spricht man immer eine grenzenlose Muttersprache.

Vor kurzem sagte eine ältere Dame zu mir: „Ich kenne Sie doch – von früher!“ Obwohl diese Zeitangabe ziemlich ungenau war und ich mich auch nicht mehr erinnern konnte, musste ich natürlich die Möglichkeit offen lassen. Etwas bissig meinte sie noch: „Damals waren Sie viel größer und schlanker.“ Nun, sehr geschrumpft bin ich die letzten Jahrzehnte nicht. Aber das mit dem Schlanksein mag wohl seine Richtigkeit haben. Ich versuchte freundlich zu grinsen. Worauf sie noch sagte: „Ich freue mich, dass Sie bei uns ein so ruhiges Leben führen können und jetzt so behäbig sind.“

Der Wiener Charme ist wohl auch nicht mehr das, was er einmal war. Beunruhigt schaute ich im Wörterbuch nach, ob „behäbig“ wirklich bedeutet, was ich glaubte, dass es bedeutet. Das war leider der Fall.

Eine andere erstaunliche Begegnung war die mit einer Dame, gleichfalls höheren Semesters, die auf einmal einen automatischen Fächer zum Vorschein holte. Es war ein kleines Handgerät, ein Ventilator, der mit einer Batterie betrieben wurde. Zuerst stufte ich das Gerät in die Kategorie „überflüssige Erfindungen“ ein. Später dachte ich: Eigentlich sollten unsere Worte so sein: Worte, die dicke Luft vertreiben. Aufatmen lassen. Worte, die uns weiterführen: wie den Vogel der Flügelschlag.

Die Wörter des Lexikons
wollten zur Sprache kommen,
weil man nicht auf sie hörte.
Dazu hielten sie eine Konferenz.
Am Wörtersee.

Wir müssen uns wehren!,
schrie das Wort Krieg.
Ein kreativer Vorschlag,
meinte Bombe (s. Granate) dazu.

Lasset uns beten!, sagte Kirche.
Da machten die meisten Wörter nicht mit.
Sie waren schon längst
aus der Kirche ausgetreten.

Zärtlichkeit wird die Welt retten!,
rief errötend die Liebe.
Was aber Krieg
für unanständig hielt.

Die Sprache der Menschen
soll weniger ungereimt sein!,
sprach dann das Wort Lyrik.
Aber niemand hörte auf Lyrik.
Sie hatte eine leise Stimme.
Als Fremdwort nur geduldet
fand sie kaum eine Arbeit.

Die Wörter kamen nicht weiter.
Sie gingen in ihre Lexika zurück.
Seitdem belegen die Prediger Wirtschaftskurse,
die Dichter lösen Kreuzworträtsel.

Die Finanzbehörde hat sich für die auszufüllenden Steuererklärungen etwas Neues einfallen lassen, wenigstens in Wien. Wir bekommen die Unterlagen nicht mehr auf die frühere, trockene, amtliche Art, sondern in tollen Umschlägen verpackt. Diese Umschläge halten die Mitte zwischen Management und Umweltbewusstsein. Großzügig, weiß und mit dem Hauch des Überflüssigen: so sind diese Fensterkuverts. Mit dem Vermerk: „Hergestellt aus chlorfrei gebleichtem Papier – ein Beitrag zum Umweltschutz!“ Die Verpackung ist schön. Nur der Inhalt bringt dann doch den altgewohnten Schrecken.

Ist das nicht oft der Fall? Vergangenen Sonntag, zum Beispiel. Da war in Wien schon ein vorverlegter Frühlingstag. Das mag der Anlass dazu gewesen sein, dass mich jemand auf der Straße einmal ansprach: Was ich vom milden Urteil für einen korrupten Politiker halte? Und brachte auch gleich die eigene, allgemeine Meinung dazu. Da wollte ich natürlich auch nicht zurückbleiben und gab gleichfalls einige Gemeinplätze von mir: Mich bedrücke mehr, dass so mancher kleine Hendldieb im Vergleich so viel schwerer bestraft würde. Und so plauderten wir. Zwei Unbekannte. Und lauter Worthülsen, Briefumschläge.

Lauter Verpackung. Ob der Unbekannte sich nachher auch gefragt hat, wer das wohl gewesen sein mag, mit dem er da geredet hat?

Verpackung wird ernst genommen. Ich kenne ein Geschäft, in dem man nur Verpackung kaufen kann: lustige und seriöse. Es gibt allerdings den Trend gegen die überflüssige Verpackung. Ob nicht auch unsere Sprache weniger Briefumschlag, mehr Brief sein sollte?

In der Wiener U-Bahn sah ich einige Leute, die sich in der Gehörlosensprache, mit Gebärden also, unterhielten. Einer erzählte anscheinend Witze, die anderen reagierten fröhlich. Fröhlich nahm die Gruppe auch die U-Bahn-Station „Taubstummengasse" zur Kenntnis. Später vernahm ich, dass ein Gehörlosenkongress in Wien stattfand. Eine der Forderungen der vielen Teilnehmer, denen man immer wieder in der Innenstadt begegnete, war: die Anerkennung ihrer Zeichensprache als offizielle Sprache. Mich wunderte, dass dies nicht schon längst geschehen ist. Ist sie doch eine Sprache, die im Ansatz von allen in der Welt verwendet wird, angefangen mit den Gebärden des Grüßens.

Von Jesus sind Worte überliefert. Theologen versuchen sogar den ureigensten Worten Jesu auf die Spur zu kommen (den „ipsissima verba"). Aber es sind nicht nur Worte Jesu überliefert, sondern auch Gebärden. Ureigene Gebärden. Ipsissima. Die Gebärden, mit denen er heilte zum Beispiel. An einer bestimmten Gebärde wurde er wieder erkannt: Die Art und Weise wie er das Brot brach. Tatsächlich: Die Zeichensprache ist anzuerkennen. Und die Taubstummengasse umzubenennen. Sie ist zu nennen: Straße der anderen Sprache. Oder auch: Straße der Verständigung.

Ich habe die schlechte Gewohnheit, Sie, Leser/Leserin, immer wieder mit den kleinen Leiden meines Alltags zu belästigen. Zum Beispiel mit dem Leiden einer Pflichtanwesenheit bei einem Frühlingsball.

Es war an einem Abend, wo der Frühling schon sehr sommerlich war. Die ganze Veranstaltung fand in einem großen Saal ohne Nebenräume statt, so dass die anhaltende Musik unausweichbar und beim Gespräch recht störend war. „Wie geht es Ihnen“, brüllte ich über die Musik hinaus zu einer mir gegenübersitzenden Person, die etwas depressiv in einem „Heringssalat nach Art des Hauses“ herumstocherte. Aber vielleicht suchte sie nur den Hering. „Was haben Sie gesagt?“, schrie der Heringsfischer zurück. Ich versuchte noch etwas lauter zu schreien: „Wie geht es Ihnen?“ Worauf der Angebrüllte zurückschrie: „Ja! Sie haben recht! Das Wetter ist wirklich sehr schön.“ Dann gaben wir beide die Verständigungsversuche auf.

Solche Lappalien des Alltags sind wirklich Leiden geringen Ausmaßes und der Rede nicht wert. Dass jetzt doch davon die Rede ist? Weil ich finde, dass solche Lappalien Gleichnisse sein können. Das Gleichnis vom Frühlingsball ist das Gleichnis von einer Sprachlosigkeit, die entsteht, weil Menschen nicht zur Sprache kommen können. Weil ihre Stimmen zu leise sind. Weil sie es aufgegeben haben, die Stimme zu erheben. Weil die laute Stimme der Marktwirtschaft die leisen Hilferufe übertönt.

Bleibt keine andere Hoffnung, als die Hoffnung auf die Pausen? Meine Hoffnung ist die Hellhörigkeit, Leser/Leserin! Auch Ihre Hellhörigkeit!

In Friesland gab es vor einigen Jahren einen großen Knall. Geringfügige Sachschäden waren die Folge. Das Merkwürdige dabei war, dass niemand wusste, was eigentlich die Ursache des Knalls gewesen sei.

Ein Flugzeug habe die Schallmauer durchbrochen – war die erste Annahme. Die Luftfahrtbehörde widersprach umgehend. Dann dachte man an ein bescheidenes, lokales Erdbeben, aber das wiederum bestritten die Erdbebenexperten. Also war es ein Meteoreinschlag? Das hielten wieder andere Experten für ausgeschlossen. Damit war ein großer Raum für die Phantasie freigegeben. Und seitdem gibt es zu dem rätselhaften Knall eine breite Palette phantasievoller Überlegungen – angefangen beim Testversuch irgendeiner geheimnisvollen Waffe bis zum außerirdischen UFO.

Der friesische Knalleffekt blieb rätselhaft. Und gibt zu denken. Denn wenn die lauten Geräusche schon so mehrdeutig sind, wie ist es dann wohl mit den leisen Geräuschen, den kleinen Klängen des Alltags? Was ist mit dem lange anhaltenden Wimmern aus dem gegenüberliegenden Haus? Ist jemand krank oder verrichtet ein Heiliger sein Abendgebet? Was war das für ein Geräusch am Fenster? Flog eine Taube vorbei oder ist ein Fallschirmspringer am Fenster vorbei direkt auf der Straße gelandet?

Jaja, man braucht schon sehr gute Ohren heutzutage und vor allem eine Seele, die auf alles gefasst ist, sogar auf gute Nachrichten.

Gerade ist mit einem leichten Knall eine gute Nachricht (Priority!) in Ihrem Briefkasten gelandet. Oder haben die Nachbarn ein Sektflasche geöffnet und werden Sie gleich eingeladen? Auf jeden Fall, machen Sie sich fröhlich auf Gutes gefasst.

Viele Geräusche, laute und leise, durchdringen unseren Alltag. Schon das Geräusch eines Weckers hat dich aufgeweckt. Wer sich dann in den Alltag hineinbegibt, taucht in ein Meer der Geräusche ein. Die Unterscheidung der Geräusche ist wichtig. Es umgibt dich das Geräusch der Maschinen: Welches Zeichen warnt dich? Es umgibt dich die Vielfalt der menschlichen Stimmen: Welches Wort ist für dich bestimmt? Es umgibt dich die Musik auf der Straße, im Radio: Welches Lied hat den Tonfall deiner Seele? Die Ohren spitzen, damit man die Geräusche des Tages versteht, die lauten und die leisen: Das ist wichtig. Denn sie sind missverständlich.

Einmal war ich eingeladen, in einem entlegenen Stift einen Besinnungstag für Priester zu halten. Die Zugverbindung war so, dass ich mit einer unumgänglichen Verspätung eintreffen musste. Vierzig Pfarrer warteten da – und als ich dann, natürlich nicht ohne Schuldgefühle, eintrat, standen alle vierzig auf. Dieses Geräusch von vierzig aufstehenden Pfarrern hatte zuerst für mich, den Zuspätkommenden, etwas Bedrohliches. Später aber verstand ich die einladende Freundlichkeit dieses Geräusches. Die Geräusche sind missverständlich. Leise ist das Niederlassen der Amsel ins Gras. Leise ist auch der tödliche Sprung der Katze zur Amsel. Auch der Dieb in der Nacht ist leise, so leise wie der Schlaf eines Kindes. Laut sind die Geräusche des Krieges, aber laut sind auch die Geräusche der Arbeit. Laut sind die Geräusche des Tötens und die Geräusche der Sorge. „Wenn die Seele lauscht, spricht alles eine Sprache", meint der flämische Dichter Guido Gezelle. Das Lauschen der Seele, die unterscheidet, das müssten wir wieder lernen. Im Meer der Geräusche müssen wir versuchen, Ohrenzeugen zu sein. Auch für jene Stimme, jenes Wort, das vor allem Anfang war. Es spricht zu den lauschenden Seelen nicht mit dem Geräusch vierzig stehender Pfarrer, sondern so leise wie eine Amsel, die sich im Gras niederlässt.

Am Sonntag, den 14. Juli 1566 ließ sich in der Nähe der nordniederländischen Ortschaft Hoorn ein Mönch mit viel Lärm ins Wasser fallen. Die Absicht des Mönches dabei war, die Aufmerksamkeit der dort versammelten Menge auf sich zu lenken.

Oder besser: von der dort draußen auf dem Feld gehaltenen kalvinistischen Predigt über Psalm 127 abzulenken. Viele Menschen aus Hoorn lauschten dort aufmerksam dem ersten niederländischen „Hageprediger" (Feldprediger) Jan Arentsz aus Alkmaar. Die Predigt am Feld bei Hoorn war die erste öffentliche Manifestation der Kalvinisten in Holland. Und ein großer Erfolg. Und der Mönch? Er konnte es mit seiner lärmreichen Aktion nicht verhindern. Niemand achtete auf das von ihm verursachte Geräusch. Es war wirklich ein Schlag ins Wasser.

Die Erinnerung an das gut gemeinte Geräusch des Mönchs ist bewahrt geblieben. Eine niederländische Tageszeitung erinnerte daran. Selten sind sonst Geräusche in der Geschichte verzeichnet. Auch in der Erinnerung an das eigene Leben taucht nicht allzu oft eine Erinnerung an ein Geräusch auf. Einige solcher Erinnerungen mag man schon haben. Bösartige Geräusche der Sirenen, die vor einem Luftangriff warnten. Traurige, z. B. wenn eine Tür zum letzten Mal zugeschlagen wurde. Aber auch gute, unvergessliche Geräusche: So wird wohl die Erinnerung einer Mutter an den ersten Schrei ihres Kindes sein.

Wer durch eine fremde Stadt geht, sieht nicht nur die Stadt, er hört sie auch. Es gibt nicht nur Sehenswertes, es gibt auch Hörenswertes. Nur geht es meistens nicht gleich ins Ohr.

Beim ersten Hören hat die Stadt eine Stimme, laut wie die einer schreienden Marktfrau, bedrohlich wie die eines fluchenden Verbrechers. Aber es gibt auch eine andere Sprache der Stadt, eine zu entdeckende. Du gehst durch die Straße. Aus einem Fenster ist Klaviermusik gekommen, die dich leise berührt, Bach, ein Tal des Friedens. Unter einem Baum sitzt ein Gitarrespieler. Was er spielt, schwebt durch die Luft wie Blütenstaub und legt sich dann auf den Baum. Noch lange, nachdem der Spieler gegangen ist, tropfen die Klänge seines Spieles vereinzelt aus dem Baum. „Fängt es zu regnen an?", fragen die Leute.

Hörenswert wird dir allmählich die Stimme der Menschen, auch wenn du die Sprache der Menschen der fremden Stadt nicht verstehst. Du verstehst trotzdem die Sprache der Sorge, der Verletzbarkeit, des Verlangens, der Freude. Und die Stimme Gottes in dieser Stadt? Sie ist nicht so laut wie die eines Hagepredigers, wie die eines geräuschvollen Mönchs. Aber manchmal wird der Hellhörige hinter all diesen Geräuschen auch diese Stimme ahnen.

**Tatort Alltag**
**Die Tatwaffen**
**Opfer, Verdächtige, Unschuldige ...**

# tat

ort

Das Tagtägliche hat einen schlechten Ruf. Oft erfährt man es als grau, banal und voller kleiner Bedrohungen und größerer Konflikte.

Der Alltag macht es uns nicht immer leicht. Ein Telefonat genügt, um einen aus der guten Laune zu bringen. So zum Beispiel gestern. Eine Dame wollte die Anfangszeit eines Obertonkonzertes wissen, das in einigen Tagen in der Ruprechtskirche, wo ich Kirchenrektor bin, stattfinden wird. Da sie bei mir zu Hause – nicht im Büro – anrief, konnte ich keine genaue Auskunft geben. Sofort ging sie in die Luft. Geduldig versuchte ich ihr zu erklären, dass das Haus, wo ich wohne, sich am Stephansplatz in gewisser Entfernung von der Ruprechtskirche befinde und ich nicht sofort usw. „Sicher kenne ich den Unterschied zwischen Stephansdom und Ruprechtskirche!", fing sie zu schreien an, „denn ich bin eine echte Wienerin und nicht so jemand wie Sie – mit Ihrem ausländischen Akzent!"

Beim Stichwort „ausländischer Akzent" fielen mir sofort einige Sarkasmen über den Wiener Tonfall ein, und wir redeten beide gleichzeitig weiter auf diesem fernmündlichen Weg, ohne aufeinander nur im geringsten zu hören. Also, wir schrien uns an. Bis die Dame irgendwann auflegte.

Auch der Alltag Jesu war nicht ohne Konflikte. Aber er ging wohl anders damit um als ich in jenem Konflikt, von dem ich hier beschämt berichtet habe. Jesus schrie nicht, er erfand keine Sarkasmen. Er erzählte ein Gleichnis und entkrampfte damit die Situation.

Und weiter denke ich an meinen armseligen Alltag, wo ein Telefonat schon ein Ereignis ist, über das man schriftlich berichtet. Statt streiten wäre ein Gleichnis besser gewesen: Das Gleichnis vom Reisenden in eine fremde Stadt. Die Bewohner der Stadt belächelten die Sprache des Fremden.

Auch wenn sie den Fremden beschimpften, hielten sie ihre Sprache für schön. Einmal aber schenkte eine arme Lavendelverkäuferin dem Fremden einen kleinen Bund. Nur so. Beide lächelten wortlos und verstanden sich.

So ist es, hätte Jesus sagen können, mit der Sprache des Reiches Gottes.

In einem Wiener Haus, in dem ich öfter zu tun habe, tobt ein Streit zwischen Hausbewohnern und Hausverwaltung. Was ist los? Nun, manche Hauspartei ist mit dem neuen Aufzug unzufrieden. Das ist in Wien nichts Besonderes. In Wien ist man mit Neuem zuerst einmal unzufrieden. So auch mit dem neuen Aufzug. Nun hat einer der Bewohner seinen Unmut über den Aufzug schriftlich, allerdings anonym, bekannt gegeben. Auf einem Anschlag der Verwaltung hat jene unbekannte Person dazugeschrieben: „Den neuen Aufzug kann man vergessen!“

Daraufhin war die Hausverwaltung beleidigt. Auch das ist in Wien nichts Außergewöhnliches. Die Leute hier sind leicht und auch gerne beleidigt. „Wissen Sie wohl, mit wem Sie reden? In diesem Ton kann man mit mir nicht reden“ – so auch die Hausverwaltung. „Ihr undankbaren Hunde!“, wird sie sich wohl gedacht haben. „Was wollt Ihr noch alles?“ Dann nahm sie sich zusammen und beschränkte sich in ihrem Kommentar zu der Anklage nur auf eine Androhung des Vergessens. Denn, so lautete die Antwort der Verwaltung: „Den anonymen Schmierer kann man gleichfalls vergessen!“ Manchmal denke ich, wenn wir ein längeres Gedächtnis für die Namen und die Güte der anderen hätten, dass dann in unseren Häusern der Friede wohnen könnte.

I.

Viele Stunden unseres Alltags verbringen wir in Vorzimmern, Wartezimmern – bei Ärzten, Behörden, in Ämtern ... Unsere Erinnerungen an solche Orte sind meistens nicht sehr erfreulich. Einmal ist der Warteraum einfach ein langer Gang mit den nicht beseitigten Spuren eines Rohrbruchs vor fünf Jahren. Einige vergammelte Stühle wurden hier für die Wartenden bereitgestellt. In der Neonbeleuchtung kann eine Röhre sich zwischen Aufleuchten und Absterben nicht entscheiden.

Dann wieder ist es das Wartezimmer eines Zahnarztes, wo ausgediente „Salon"-Möbel sich vergebens bemühen, etwas Eleganz zu vermitteln. Die Ablieferungen einer Autozeitschrift, die sich auf einem Ecktisch türmen, machen das Ensemble auch nicht anziehender. Bei dem Luster funktionieren einige Birnen nicht. Nirgendwo sonst gibt es so viele nur halb funktionierende Beleuchtungen wie in Warteräumen.

Es gibt aber auch andere Erfahrungen mit Warteräumen. Einmal – vor einer mündlichen Prüfung – hatte ich eine solche Erfahrung des Wartens. Die Prüfung sollte beim Professor zu Hause stattfinden. Er wohnte außerhalb von Utrecht in ländlicher Umgebung. Natürlich war ich viel zu früh dort, übernervös, weil von der Prüfung sehr viel abhing. Eine Stunde bin ich dort in der Natur spazieren gegangen. Selten habe ich wie damals erfahren, wie begütigend und beruhigend die Natur wirken kann. Man nimmt sich selbst und die Prüfung in den Dimensionen der Schöpfung nicht mehr so wichtig. Es gibt keine Angst mehr. Die Natur ist ein schönes Wartezimmer.

II.

Das Allgemeine Krankenhaus in Wien, das AKH, bedeutet für viele: moderne Sachlichkeit und langes Warten. Warten hat im liturgischen Bereich einen guten Ruf. So das freudvolle Warten in der Adventzeit. Das Warten in der Ambulanz des AKH wird weniger positiv erfahren. Gezwungenermaßen konnte ich in letzter Zeit viele Stunden die Typen der Wartenden dort studieren. Der Durchschnittstyp demonstriert Gelassenheit. Aber es gibt Ausnahmen, wie jene Dame, die sich ununterbrochen über das Warten beschwerte. Beliebt machte sie sich mit ihrem Zorn nicht.

Am berührendsten fand ich das Warten zweier Eheleute. Sie warteten, wie die Natur auf ihre Reife wartet. In langer Geduld und an der Grenze der Freude. Und fragten mich noch, ob ich vielleicht vorgehen wolle. Es waren Menschen, die im Laufe eines langen Lebens das Warten gelernt hatten. Langes Warten auf die Genesung der Kinder aus Krankheit, auf ihre Heimkehr aus der Schule, aus den Irrwegen des Lebens, auf die seltenen Besuche. Sie hatten gelernt, das Leben als langes Warten zu verstehen: Warten auf Einsicht, auf Verzeihung, auf Weisheit, auf Güte, auf Einverständnis. So waren ihre Seelen gereift, wussten, dass vieles einem doch geschenkt wird, und warteten auf eine letzte Annahme. Die Freude ihrer Zuversicht leuchtete im Wartezimmer.

Ein schlimmes, ermüdendes Warten erlebte ich dann als Patient in diesem Krankenhaus. In das Dreibettzimmer war ein Zimmergenosse gelegt worden, der unter schweren Schlafstörungen litt. Eine Folge bestimmter Medikamente, meinte er. Er war fast die ganze Nacht wach und schaute beharrlich durchs Fenster in die tiefe Nacht. Manchmal konnte man einen Hubschrauber von der Rettung landen oder aufsteigen sehen. Dann war wieder Leere und Nacht. So sah man ihn dort sitzen, wenn man einmal selbst aus dem Schlaf aufwachte.

Er tat mir zutiefst Leid. Er erinnerte mich an die Wächter in der Nacht, von denen ein Psalm spricht: von ihrem wartenden Ausschauen nach dem Morgen und von dem noch tieferen wartenden Ausschauen der Seele.

I.

Wer aus einem Krankenhaus nach Hause kommt, erlebt zuerst einmal ein glückliches Gefühl der Befreiung. Er darf über vieles wieder selbst entscheiden. Aber so schnell lässt einen das Krankenhaus nicht los. Es folgen Briefe. Zum Beispiel der Arztbrief für den Hausarzt. Den man auch selber liest. Das meiste versteht man zwar nicht, aber es gibt einem ein Gefühl der Wichtigkeit, dass man sich so eingehend mit einem beschäftigt hat. Und dass in solch gewählter Sprache, sogar lateinisch, davon die Rede sein kann.

Allerdings machen diese halblateinischen Sätze auch Sorgen. So der Satz: „Caput ohne größere Auffälligkeiten." Zuerst beruhigt der Satz. Dass „caput" – also der Kopf – ohne größere Auffälligkeiten sei, lässt einen zufrieden in den Spiegel blicken. Und dass man einen „caput" und keinen gewöhnlichen Kopf hat, gibt einem etwas.

Dann, beim zweiten Lesen, beunruhigt der Satz doch. Ein Kopf ohne größere Auffälligkeiten also. Aber welche kleinen Auffälligkeiten habe man wohl bei einem wahrgenommen?

Am nächsten Tag kommt wieder ein Brief. Das Krankenhaus will wissen, ob man mit dem Essen zufrieden war. Und ob die Behandlung freundlich gewesen ist. Nichts Lateinisches mehr. Alltag tritt ein.

II.

Kleinigkeiten am Rande des Alltags können einen manchmal schon belasten. So war das heute. Im wahrsten Sinne des Wortes.

Alles Mögliche habe ich auf einmal in die Putzerei geschleppt: Sakkos, Hosen, den Wintermantel. Das war wirklich belastend, und jetzt, beleidigt über diese Schlepperei, sehe ich das Leben eher von der schwarzen Seite. Für solche Schwarzgalligkeit brauche ich nur wenig. Die Verspätung eines Zuges, eine herausgerissene Seite in einem Telefonbuch, die Unfreundlichkeit des Trafikanten, weil man nur Vorverkaufsscheine kauft: Schon fühle ich mich ungerecht behandelt. Schon ist Schlechtwetter im Kommen. Schon sieht es in mir aus wie auf der Wetterkarte im Fernsehen: Umgebung, sei vorsichtig mit mir ...

Aber auch das Gegenteil ist der Fall. Es braucht nur jemand kommen und sagen: „Deine Predigt am Sonntag war in Ordnung", schon sind die Regenwolken weggeblasen, und der Tag ist sonnig und leuchtet.

Nun hat dies alles auch seinen eigenen Trost. Denn die Lappalien des Lebens, die begütigenden und die deprimierenden, halten sich irgendwie doch immer im Gleichgewicht. Einmal wird man getadelt, dann wieder gelobt, und was am Ende des Tages herauskommt, ist dann doch eine Bilanz, die stimmt.

So möge auch die Bilanz des Lebens sein. Was am Ende bleibt, aus Alltag aufgebaut und zusammengerechnet: ein labiles Gleichgewicht.

III.

Rasierwasser und solche Sachen kaufe ich nur in bescheidenem Ausmaß und eher billig. Bei Bipa und so. Aber die große Bescherung zu Weihnachten bringt so manches bessere, teure Rasierwasser, Deodorant usw. Schon seit mehreren Jahren bekomme ich bei solchen Anlässen aus verständlichen Gründen Kosmetika der Marke „Joop". Dieses „Joop" gehört meines Wissens zu den teureren Marken – man zahlt auch für den Namen. Allerdings wird dafür auch etwas geboten. Die Beipackung verrät es: „Ein Duft der Kontraste ... Schon der Auftakt des Duftes erstrahlt voller Energie und Spritzigkeit ... durch die blendende, grüne Frische von Tomatenblatt und prickelndfruchtigen Zitrusnoten. Temperament voller Frische begleitet auch das Herz des Duftes, in dem ein Hauch von Blumigkeit mit holzigen Akkorden kontrastiert." Leider weiß ich nicht, was holzige Akkorde sind, noch habe ich eine Ahnung wie ein Tomatenblatt riecht. Aber stolz gehe ich mit einem Hauch von Blumigkeit durch die Straßen.

Überall riecht es heute nach Alltag. Ich wünsche Ihnen zu diesem Geruch des Alltags einen Hauch von Blumigkeit sowie die Frische von Tomatenblättern.

Schon Mitte Jänner – und es wurde erst die Hälfte Ihrer Weihnachtsbäckerei gegessen? Und Sie wissen nicht wohin damit? Sogar die eigene Familie weigert sich beharrlich, noch irgendein Plätzchen anzurühren? Der benachbarte Kindergarten lässt schnell die Rollos herunter, wenn man Sie mit Ihren Keksdosen kommen sieht?

Dann gibt es nur noch einen Ausweg: Laden Sie jemanden ein. Nur so. Auf einen Kaffee halt. Gerade in dem Augenblick, wo der Gast genüsslich seinen Kaffee trinken will, stellen Sie die Weihnachtsbäckerei auf den Tisch. Unbedingt notwendig ist es, dazu den Halbsatz „selbst gebacken" zu sagen. Das macht jeden Gast wehrlos. Er muss essen. Höflichkeit zwingt ihn. Zählen Sie in Gedanken mit! Wenn er beim fünften Plätzchen nachzulassen anfängt, sagen Sie freundlich drohend: „Nur zu! Es ist genug da!" Wenn er beim achten Plätzchen Anzeichen des Aufhörens von sich gibt, fragen Sie ihn: „Schmeckt es Ihnen nicht?" Und wieder wird er weiteressen müssen. Auf diese Weise wird es Ihnen möglich sein, ein befreites Osterfest zu feiern.

I.

Sie war Sekretärin, zugleich Buchführerin einer kleinen Firma. Das war sie nun schon fast ihr ganzes Leben. Eine andere Verbindung als die mit der Firma war sie nie eingegangen. Darum wachte sie auch über die Menschlichkeit ihrer Arbeit. Sie wehrte sich gegen die Einführung einer Rechenmaschine, eines Digitalrechners. Sie rechne alles mit Kopf und Hand, so sagte sie verbissen. Und der Direktor möge selbst die Buchführung kontrollieren, er werde schon sehen, dass ihre Arbeit Hand und Fuß habe.

Der Direktor war ein gütiger Mann, was wohl auch der Grund für das geringe Wachstum seines Unternehmens war. Er wollte nicht zwingen, sondern überzeugen. „Ein Digitalrechner", erklärte er der widerspenstigen Sekretärin, „wird nicht ihr Feind sein. Er wird ihnen helfen. Ein Digitalrechner ist sozusagen ein Rechenknecht." Nun unter einem Knecht, einem Rechenknecht konnte sich die buchführende Sekretärin etwas vorstellen. Und so wurde diese Maschine mit dem menschlichen Antlitz zugelassen. Allerdings, ein wenig misstrauisch blieb die Sekretärin schon. Und rechnete später das Ergebnis der Maschine nach – heimlich, da sie den Rechenknecht nicht verletzen wollte. Denn wer weiß, ob nicht ein Knecht doch vielleicht etwas unterschlägt?

Unsere Maschinen bleiben Maschinen ohne Gesicht: immer etwas dümmer als wir selber es sind. „Willst du mit mir spazieren gehen?", fragt man einen anderen Menschen. Und der antwortet zögernd: „Ja und nein!" Eine solche Antwort wird ein Computer niemals geben, denn er weiß eben nur ja oder nein. Er weiß nur: entweder – oder. Aber wer will denn schon mit einem Computer spazieren gehen? Die Computer möchten schon, lese ich in einer Werbung. „Geben Sie dem Teamgeist ihres Computers eine Chance. Denn er beweist seine Qualitäten viel lieber im Team mit anderen Computern, als ein einsames Inselleben zu führen. Dank NAS (Network Application Support) ist er von Haus aus gewöhnt, sich mit anderen Computern bestens zu verständigen." Diese Werbung sagt nicht nur etwas über Computer. Sie sagt auch etwas über die Menschen aus, die damit arbeiten müssen. Sie umwirbt ihn an seiner Schwachstelle: eben seiner großen Sehnsucht nach Menschlichkeit.

Die einfachen Geräte aus alten Zeiten hatten ihre Unmittelbarkeit. Die Geräte aus den Evangelien zum Beispiel: der Pflug, das Netz, die Lampe. Sie verbinden direkt mit der Wirklichkeit, in der der Mensch steht, lebt, arbeitet. Leicht werden sie zu Zeichen des Daseins. Unsere modernen Geräte, die uns so viel Arbeit abnehmen, schieben sich aber gleichzeitig zwischen uns und die Wirklichkeit. Sie machen unsere Arbeitswelt durchaus praktisch, überaus komfortabel, aber leider eben seelenlos. So bleibt immer die Frage: Wie kann unser Alltag ein Alltag der Menschen sein?

II.

Sie war eine Telefonistin, die unter jedem Anruf litt. Denn jeden Anruf betrachtete sie als einen Eingriff in ihre Privatsphäre. Eigentlich liebte sie an ihrer Telefonistinnenarbeit nur die Mittagspause. Diese fing für sie gleich mit dem Anfang der Arbeit an. Zuerst nur gedanklich. Sie überlegte sich, ob sie in der Mittagspause eine Schnecke oder eine heiße Apfeltasche kaufen würde. Am Donnerstag war Pizzatag, aber gerade im Pizzabereich gibt es eine Fülle von Möglichkeiten, denn auch der Kauf einer Pizza will überlegt sein. Den Nachmittag brauchte sie dann für den Rückblick und die allgemeine Vorplanung des nächsten Tages.

Nun, bei all dieser Anstrengung des Denkens waren die Telefonanrufe natürlich eine lästige Unterbrechung. Sie hasste das Telefon. Aber sie machte ihre Arbeit und beantwortete jeden Anruf. Nur hatte sie es sich angewöhnt, dabei zum Telefon oder zum unsichtbaren Teilnehmer mit geballter Faust drohende Gebärden zu machen. Dennoch vermittelte sie, gab Auskunft mit honigsüßer Stimme, so dass jeder Anrufer glaubte: das Telefonieren ist ihr höchstes Glück, und man nannte sie die „Honigsüße" oder auch die „Hochgestimmte". Was die Anrufer nicht wussten, weil sie es ja nicht sehen konnten und deshalb auch nie geglaubt hätten, waren die Drohgebärden.

Nichts kann das Gespräch auf Augenhöhe ersetzen. Die Sprache der Augen, der Hände, unterstreicht die Worte, oder mildert sie, bezweifelt oder bestätigt sie, gibt den Worten ihre Strenge oder ihre Güte. Die Worte am Telefon bringen nur einen Ausschnitt aus der Sprache eines Menschen. Mit dem Telefon lässt es sich leichter lügen. Allerdings ist das Telefon im Vormarsch. Drahtlos muss es nicht mehr an der langen Leine gehalten werden. Mancher nimmt sogar sein Telefon auf Spaziergänge mit. Dennoch: Es bleibt eben nur ein Gerät, eine Maschine. Es kann nicht das direkte Gespräch zwischen Menschen ersetzen. Zwar bereichert es unsere Wirklichkeit und ermöglicht uns Fernverbindungen, aber auch diese Gespräche bleiben eben nur „fernmündlich", mit viel Ferne und Distanz.

Ein Arbeitstag hat angefangen. Das ist auch ein Tag der Geräte. Sie helfen uns, aber sie bringen auch Distanz und Fremdheit in unser Leben. Der Autofahrer hat nicht jenen direkten Kontakt mit dem Weg und der Umgebung, wie ihn der Wanderer hat. Unsere Arbeitstage werden menschenleerer. Statt eines Postboten bringt ein Telefax uns die Briefe. Statt eines Schaffners ruft ein Tonband die Haltestellen aus. Diese Frage bleibt: Wie kann unser Alltag ein Alltag der Menschen sein?

Er war ein Dichter. Das heißt: Er hatte die Seele eines Dichters. Selten hatte diese Seele sich schriftlich geäußert. Der Umfang seines Werkes war bescheiden. Einmal hatte er ein paar seiner Gedichte in einen Briefumschlag gesteckt, frankiert und einer literarischen Zeitschrift geschickt. Aber die Zeitschrift zeigte sich uninteressiert. So blieb die Welt in Unkenntnis davon, wie sehr sie seiner Seele zu schaffen machte.

Die Welt hatte auch sonst keinen besonderen Anlass, sich für diese Seele zu interessieren, denn der Dichter arbeitete in einer Bank. Er half den Leuten und besonders der Bank die ganze Welt zu gewinnen und die Seele zu verlieren. Ein wenig verliert man dabei auch die eigene Seele. Wo der Verstand so flink rechnen muss, bleibt die Seele auf der Strecke. Wer zu viel Seele ins Rechnen hineinlegen will, kommt leicht ins Minus. Erst beim Arbeitsschluss holte die Seele den Dichter wieder ein und ging mit ihm den Heimweg.

Diesen Bankangestellten mit der Dichterseele habe ich natürlich erfunden. Ich suche keinen Namen für ihn. Das zahlt sich nicht aus, weil er ja nur erfunden ist. Und dann: Er hat viele Namen. Unsere Namen. In vielen von uns lebt eine sprachlose Dichterseele, die wir bei der Arbeit nicht zulassen. Aber auf dem Heimweg holt sie uns ein. Aber was ist nun? Werden wir nun unsre Seele nach Hause tragen – dorthin, wo sie aufatmen kann? Werden wir ihr Raum geben im Kreis der Familie? Aber nein – wie viele Umwege hat doch der Heimweg! Gezwungene Umwege des schnellen Einkaufes für das Abendbrot. Aber auch freiwillige. Zuerst noch einen Kaffee. Ein Achtel Wein muss doch noch drin sein. Was gibt es Neues bei Eduscho? Warum eigentlich diese Verzögerungen?

Sucht die Seele, die jung sein möchte, nicht den Aufschub auf diesem Heimweg, weil sie sich fürchtet, weil sie glaubt, dass die Wohnung der Ort ohne Hoffnung ist? Hoffnung wartet nur auf der Straße, um die Ecke. Das Wort „Heimweh" besagt anderes. Es meint nicht Endstation, sondern Ursprung, jenen Ort, wo wir jung waren und träumten. Es meint den ursprünglichen Ort. Es ist jener Ort, wo die Seele immer jung sein wird.

Ein heißer Sommer geht dem Ende zu. Man wird sich erinnern an die unerträglichen Mittagsstunden in der Stadt, wo die Zukunft gestorben zu sein schien. Die Leute sind herumgegangen. Sie haben nicht gewusst wohin und wozu.

Viele Männer sind weiß gekleidet, die Frauen oft schwarz – wie verwechselte Brautleute. Aber Hochzeitsstimmung wollte nicht aufkommen. Viele waren als Touristen hier, pflichtbewusste deutsche Touristen, die das Mittagessen ausdiskutierten und die Frage, was man jetzt angucken sollte. Sparsame Niederländer, die auf der Suche nach einem billigen Kaffee waren. Die Italiener allerdings, die sonst immer die ganze Breite der Straße beanspruchten, haben zu dieser Tageszeit geschlafen.

Die Zukunft war gestorben. Aus der Kirche klang zwar ein Lied, aber auch dieses Lied hatte nicht den richtigen Sound der Zukunft. Sogar die Tauben am Kirchenplatz hatten auf das Fliegen vergessen. In den Geschäften fand ein müder Ausverkauf statt, ein Sommerschlussverkauf. Hier wurde der Sommer, ehe er zu Ende war, schon ausverkauft. Ein billiges Ende.

Aber dann ist doch der Abend gekommen, und siehe da! Die Zukunft ist aufgewacht. Sie war nicht gestorben, sie hatte nur geschlafen, wie eine Italienerin. Ein Harfenspieler lässt die Klänge seiner Harfe wie Regentropfen auf das heiße Pflaster fallen.

Ein paar Kinder schauen lachend in die Kirche hinein, und das alte Gebäude wird auf einmal wieder ein Ort, wo die Zukunft wohnen kann. Die Geschäfte machen endlich zu, der Ausverkauf des Sommers wird für heute eingestellt. Es ist die Stunde, in der die Menschen sich zusammensetzen. Wo sie sich hinsetzen wird gelacht, oft auch gesungen.

Ich denke, es ist auch jene Stunde, in der Gott selber durch die Straßen dieser Stadt spazieren geht. Das ist natürlich ein Bild. Ist das ein zu gewagtes Bild? Jedenfalls ist es eines der freundlichsten Bilder Gottes in der Bibel: Ganz am Anfang dieses Buches, im zweiten Schöpfungsbericht, wird Gott so dargestellt. Wie er durch seine Schöpfung spaziert „gegen den Westwind“, was so viel bedeutet wie gegen den kühlen Meereswind. Als einer, der nach der Hitze des Tages die kühlere Luft genießt.

So geht er durch seine Schöpfung und sucht den Menschen: Adam, Mensch, wo bist du? Mit dieser Frage ist Gott auch durch die Geschichte der Menschen gegangen. Er hat die gesucht, die ihn nicht gesucht haben. Unbeachtet war er eine große Gegenwart. Warum nicht auch an diesem Sommerabend, in der Kühle des kleinen Windhauchs. Es könnte sich die alte Verheißung erfüllen: „Ich ließ mich finden von denen, die nicht nach mir suchten, ich offenbarte mich denen, die nicht nach mir fragten."

Viele werden ihn auch diesen Abend nicht beachten. Aber irgendeiner, der nur ausgegangen ist, um sich ein Eis zu kaufen, fühlt auf einmal seine Seele seltsam berührt. Und irgendeines dieser Kinder, die alle viel zu spät noch auf der Straße sind, ruft erstaunt: „Da geht Gott!" Bei einem Brunnen sitzt einer, der sich beim Vergehen des Tageslichts an alte Worte erinnert: „Lass leuchten über deinem Knecht dein Antlitz!"

Da ich etwas mehr als früher zum Selbstversorger im Bereich Haushalt geworden bin, habe ich einen Staubsauger gekauft. Einen giftgrünen, eine Farbe, die mir nicht gefällt. Aber es handelte sich um ein Sonderangebot. Und da hat man als Käufer bei so viel Güte des Händlers bescheiden und dankbar zu sein. Außerdem, im Nachhinein hielt ich diese giftgrüne Farbe für durchaus sinnvoll. Sie entspricht genau dem, was man von einem solchen Gerät erwartet. Es habe den Staub zu bekämpfen, aggressiv, mitleidlos. Die aggressive Farbe passt ausgezeichnet dazu.

Zu Hause studierte ich die „Information für Ihre Sicherheit“, die unbedingt aufmerksam durchzulesen sei. Einiges leuchtete mir ein. Man dürfe z. B. keine Tiere mit dem Gerät absaugen. Tatsächlich, wie leicht könnte ein Kanarienvogel, den man auf diese Art reinigen möchte, vom gierigen Gerät verschluckt werden. Andere Sicherheitshinweise machten mir Sorge. „Düsen und Rohre dürfen (bei eingeschaltetem Gerät) nicht in Kopfnähe kommen – Gefahr für Augen und Ohren.“ Mir wurde angst und bange. Welch ein gefährliches Monster hatte ich in die Wohnung geholt! Die grüne Mamba!

Allerdings nahm die Sache dann doch eine fröhliche Wende. Das Gerät folgte wie ein Hund an der Leine. Gefräßig schluckte es alles. Wenn ich nur ein paar Brotkrümchen auf dem Boden entdecke, komme ich nicht mehr mit Beserl und Schauferl, sondern lasse sofort die grüne Mamba los.

Der Alltag hat seine Banalität, nicht nur der im Haushalt. Aber manchmal gibt es etwas zum Lachen.

Insekten gehörten wahrscheinlich zum normalen Menü der ältesten Menschen. Das erzählte mir ein Freund, ein Biologe. In Afrika werden Insekten noch immer gerne gegessen.

Nun, wer eine weit verzweigte Mottenfamilie in einem Kleiderkasten entdeckt, denkt dabei wohl nicht an kleine Köstlichkeiten, sondern ärgert sich darüber, dass diese Insekten gerade seine Kleider auf ihren Speiseplan gesetzt haben. Viel Mühsames kommt nach der Aufdeckung der Katastrophe auf den Betroffenen zu.

Wege in die Putzerei für das Erhaltene stehen bevor. Und Wege in die Drogerie. Eine Jagd ist vorzubereiten! Lust am Töten erwacht.

Wer sich auf die Mottenjagd begibt, ist ein einsamer Jäger. Kein großes Halali, keine Pferde und Rufe, kein besonderer Schutzheiliger, der sich eines solchen Vorhabens annimmt. Die Jagdvorbereitung führt einen auch nicht in ein Waffengeschäft, sondern in die Drogerie. Man deckt sich nicht mit Munition, sondern mit Giften ein. Das gibt dem ganzen Unterfangen etwas Schlüpfriges. Dennoch, da sogar Greenpeace auf die Rettung der Insekten vergessen hat (zu Gunsten der bedeutend größeren Wale), betrete ich mit relativ gutem Gewissen eine solche Drogerie namens Bipa.

Es ist erstaunlich, was es hier so alles gegen Insekten gibt, vom altmodischen Fliegenfänger bis hin zum modernen Mückomaten und Gelsenstecker. Ameisenköder, Schabenfallen, alles ist da. Auch ein „Insektenstop", der stolz damit wirbt, dass er bis zur Flugunfähigkeit und Stechunlust, und damit innerhalb weniger Minuten zum Tod der Schädlinge führt.

Ich musste mich also auf den eigenen Spezialbereich, die Motten, beschränken. Unter den verschiedenen Mottenfallen entdeckte ich eine giftfreie Klebefalle. Ein Sexuallockstoff locke die dummen Tiere in eine Falle, wo sie kleben bleiben und so verenden. Vor allem die Kakaomotte, die Dattelmotte, die Dörrobstmotte und die Mehlmotte fallen darauf herein. Ja, der Sexualtrieb hat schon manches Elend in dieser Welt verursacht.

Nun kaufte ich aber einen allgemeinen Insektenspray, auch gegen Motten, deren Kinder hier schlicht „gefräßige Brut" genannt werden. „Vandal" heißt dieser Spray. „Vandal wirkt phänomenal" – meint der dichterisch veranlagte Hersteller. Vandal: Ist damit der Jäger oder der Gejagte gemeint?

Einer, der nicht den ganzen Tag beim Telefon wartet, ob es vielleicht läutet, bekommt leicht zu hören: „Du bist ja nie zu erreichen!“ Diese Aussage ist nicht ohne Vorwurf: „Spazierst du ununterbrochen auf der Straße herum?“ Nicht der Anrufer, sondern der Angerufene ist schuld.

Die Anschaffung eines Anrufbeantworters ist angebracht – ein praktisches Gerät, das einem Vorwürfe erspart. Manchmal aber spricht es auch Rätselhaftes: „Ich aus Japan ... Will machen in Kirche großen Klang“ – dann eine unverständliche Telefonnummer. Der große Klang in der Kirche wird wohl nie zu Stande kommen.

Beim Rückruf macht man dann Bekanntschaft mit vielen anderen Anrufbeantwortern. Jeder Beantworter hat einen eigenen Charakter. Fröhlich, gelangweilt, abweisend, einladend. Mancher gibt noch eine Draufgabe, eine Musik oder Witziges. „Sachen zum Lachen“, ob man es will oder nicht. Ein Anrufbeantworter bedauerte es zwar, dass der Angerufene nicht zu Hause sei, aber man möge sich doch freuen, was die moderne Technik alles vermag, und wie wir ohne moderne Technik alle miteinander blöd schauen würden. Dazu einige Seitenhiebe auf alles grüne Denken. Ein Anrufbeantworter wollte es genau wissen, verlangte nach dem Piepston Angabe des Tages und der Uhrzeit. Sicherheitshalber nannte ich ihm auch die Jahreszahl.

Was noch fehlt: Die moderne Technik möge erfinden, wie die Anrufbeantworter sich selbstständig machen können. Es wäre doch schön, wenn sich die Anrufbeantworter gegenseitig anrufen, sich miteinander unterhalten. Wir könnten dann ohne schlechtes Gewissen spazieren gehen.

„Puppi, sei nicht so!" – Diesen Satz hörte ich auf der Straße. Ein Mann sprach ihn in ein Handy hinein. Erziehung hinderte mich daran, stehen zu bleiben und weiter mitzuhören. Gerne hätte ich erfahren, in welcher Hinsicht Puppi sich anders verhalten sollte. Auch über die Meinung von Puppi dazu machte ich mir Gedanken. Insgeheim hoffte ich, dass Puppi ihm sagen würde, dass sie schon selbst bestimme, wie sie zu sein habe. Ich hoffe das auch deswegen, weil der Mann ziemlich selbstzufrieden und falsch grinste. Das Telefon macht es den Unaufrichtigen leicht.

Etwas weiter auf einer Terrasse saßen viele Menschen in der Frühlingssonne, die anscheinend auch nicht mehr ist, was sie einmal war. Die heitere Frühlingssonne hat ihre eigene Falschheit, mit dem Ozon und so. Die Augen vieler waren hinter Sonnenbrillen verborgen. Eigentlich sahen diese Vorsichtigen wie italienische Gangster aus.

Auch auf dieser Terrasse saßen Leute mit Handys. Sie saßen dort zwischen den Menschen und redeten irgendwo anders hin. Auch unser verstorbener Stadtprophet Waluliso hatte sich angepasst. Auch er telefonierte mit seinem Handy, gleich mit der höchsten Instanz. Er telefonierte mit Gott. Lange rief er Hallo. Aber dann bekam er anscheinend doch einen Anschluss und verlangte den Frieden.

Ach, es hat Zeiten gegeben, von denen man einmal den Kindern erzählen wird. Damals, da war anrufen ein anderes Wort für beten. Und einen Spaziergänger konnte man nicht anrufen. Ein Fußgänger war ein Stadteremit, unerreichbar wie in einer Wüste. Und die Gespräche, so wird man den staunenden Kindern erzählen, die Gespräche haben stattgefunden auf Augenhöhe.

I.

Viele moderne Büros haben ein „Fax". Auch immer mehr Wohnungen. Ich faxe relativ viel. Ein faxloses Leben wäre für mich ein Dasein ohne Glanz, sozusagen. Was ein faxloses Leben bedeutet, habe ich vor kurzem erfahren. Das Gerät streikte, brachte nichts weiter, dann ging es auf einmal doch wieder.

Da ich dem Gerät nicht traute, rief ich beim Empfänger an. Tatsächlich: Es waren nur leere Seiten angekommen. Dennoch gab mein Faxgerät fröhlich bekannt, dass der Auftrag erledigt und alles okay sei! Ich hatte einen Zorn auf das Gerät: „Zuerst nichts arbeiten und dann noch lügen!", dachte ich verbittert.

Wie oft sind Lügen und Technik miteinander verbunden. Wir glauben an die Aufrichtigkeit unserer Geräte. Wir gehen davon aus, dass unsere Rechenmaschinen uns nicht anlügen. Aber sind Lüge und Schein nicht das Ziel mancher Technik?

Eine CD klingt ja nur so, als ob im Wohnzimmer ein ganzes Orchester spielte. Die Anwesenheit der Fernsehsprecherin im Zimmer ist nur Schein. Und wie oft kam bei der Technik etwas ganz anderes heraus als man wollte: eine Waffe, eine Umweltverschmutzung.

Den Text, den Sie jetzt lesen, diesen Anti-Fax-Text habe ich auch einmal gefaxt. Das arme Fax wusste nicht einmal, dass es etwas gegen sich selbst weitergab. Der kleine Lügner ist wohl eher dumm.

II.

In Amsterdam gibt es trafikartige Läden, wo man auch faxen lassen kann. Sie sind zu empfehlen, weil ein Fax am Postamt in den Niederlanden ein Vermögen kostet. Nur stößt man in diesen Faxläden auf andere Probleme – eher seelischer Art. „Auch das noch“, seufzte die zuständige Faxdame, als ich ihr meine Beiträge für eine Zeitung überreichte. Wenn sie etwas ungern tue, so sei es faxen, erklärte sie. Ich bedauerte sie, gab aber nicht nach. Technisch nicht sehr begabt, machte sie ihre Arbeit. Einige Male brach die Verbindung nach Österreich ab. Da Holländer nie dazu bereit sind, einen Fehler einzugestehen, beschimpfte sie die schlechte Qualität des Gerätes in Österreich und die unfachgemäße Bedienung dort.

Ein Herr, der sich aus undeutlichen Gründen im selben Geschäft befand, verbündete sich mit der unwilligen Faxerin. „Eigentlich ist das ganze Faxen nichts!“, rief der undeutliche Herr. „Ein Brief ist viel persönlicher! Geburtstagswünsche soll man nicht faxen!“ Ich murmelte, dass meine Blätter keine Geburtstagswünsche seien. Er schaute mich an als einer, der dachte: „Lügen können Sie gut, Sie Parasit!“ Beschämt verließ ich das Geschäft.

I.

Ich gehöre jener Generation an, die das Schreiben mit Tinte und Feder lernte. Eine Füllfeder war ein kostbares Geschenk, das nur zu besonderem Anlass gegeben wurde. Dann erlebten wir die Erfindung des Kugelschreibers. Von dem gibt es viele Variationen. Gemeinsam haben sie alle, dass man sie, im Gegensatz zur Füllfeder, immer wieder verliert. Nun ist auch der Kugelschreiber schon längst überholt.

Der echte Schriftsteller schreibt mit einem Computer, einem Textverarbeiter und so. Lange konnte ich gegen den Strom schwimmen und schrieb alles mit der Hand. Mit Füllfeder.

Nun hat mir aber einer, der es gut mit mir meint, seinen „alten" Computer zur Verfügung gestellt. Zur Einübung. Er selbst braucht ihn zurzeit nicht, da er für sich den Sprung zur neuen „Generation" der Computer gemacht hat. Nun befolge ich die strikten Anweisungen einer eingelegten so genannten „Diskette" mit einem Übungsprogramm.

Nach einer gewissen Anlaufzeit, die das Gerät benötigt, um in Stimmung zu kommen, erscheint die Begrüßung: Willkommen!

Dieses Willkommen des Gerätes überrascht, da ich doch bedeutend länger hier wohne als das gerade eingetroffene Gerät. Aber so werden von Anfang an klare Verhältnisse geschaffen. Der Computer schafft an. Und lässt mich nun eine gewisse, mir unbekannte Karin zum Mittagessen einladen, angeblich um irgendwelche tollen Pläne für die Firma zu besprechen.

Da es nicht meine Gewohnheit ist, unbekannte Frauen in Restaurants einzuladen, tue ich verlegen und widerwillig, was der Computer verlangt. Ob Karin antworten wird?

II.

Ein Computer gibt meinem Schreibtisch einen Hauch von modernem Management. Zwar schreibe ich auf eine altmodische Art alles mit der Hand – wie in einer mittelalterlichen Schreibstube. Aber dann und wann hilft mir jemand, diese mittelalterlichen Handschriften computermäßig ins Neuzeitliche zu übertragen.

Mein Computer ist nicht das Neueste am Markt. Darum wird er oft beschimpft. Obwohl er einen guten Charakter und einen schönen poetischen Namen hat: Apple. Trotzdem schimpft man mit ihm. Sein Hauptfehler: Er sei zu langsam. Er brauche für alles endlos viel Zeit. Einmal, als ich vorschlug, ihn auf den Highway der Daten zu schicken, ins Schlaraffenland der Information, musste ich viel Spott über mich ergehen lassen. Was ich wollte, wäre ein Mopedfahrer auf einer Autobahn, hieß es. Für ein solches Abenteuer sei er zu alt. Da gehöre eine jüngere Computergeneration her.

Ein Generationenkonflikt, darum geht es wohl. Einmal war auch er jung. Er tat sein Bestes. Aber er wurde eingeholt und als „museumsreif" und „Auslaufmodell" ausgelacht. Nun steht er verlegen und hilflos da. Mir wird es warm ums Herz: Ach, dieser arme, kleine Computer.

III.

Wiener Gastorganisten bei Hochzeiten tauchen meistens erst zwei Minuten vor der Feier auf. Das hat mich früher an die Grenze eines Nervenzusammenbruchs geführt. Heute habe ich mich daran gewöhnt und nehme es gelassen hin. Neu war mir, und wieder nervenstrapazierend, als nun auch ein Gastprediger erst eine halbe Minute vor Beginn der Messe auftauchte. Was war passiert? Der Computer war abgestürzt und die zu haltende Predigt hatte sich im Computer versteckt. Es habe sehr viel technisches Geschick gebraucht, die Predigt wieder rechtzeitig herauszuzaubern.

Den Versuch, die Welt eines Computers zu verstehen, habe ich aufgegeben. Jeden zweiten Tag bin ich Zeuge einer Auseinandersetzung um die Frage, welche Computermarke die bessere sei: IBM oder Apple? IBM sei ein schnellerer Rechner, das schon. „Ein Buchführungscomputer!", ruft die Apple-Frau zynisch zum IBM-Fan. Sicher, wenn du bloß die Verbrennungsgeschwindigkeit deines Autos bei 100 km/h errechnen willst, ist ein IBM sehr geeignet. Aber für gestalterische, kreative Arbeit kommt nur der Apple in Frage. Allerdings gibt es auch dazu wieder Gegenargumente. Ob es alles Argumente sind? Manchmal kommt es mir vor wie ein Glaubenskampf.

Und die Computer? Manchmal tun sie mir Leid. Nicht nur, weil sie oft so beschimpft werden, sondern auch, weil sie immer wieder (wie ich höre) abstürzen. An Bergrettung denkt unsereiner dann. An Lawinentod und Unfalltod. Ach, dieser arme kleine Computer.

Die Ankündigung einer feuerpolizeilichen Überprüfung brachte mir einen gewissen Schrecken. War in der Kirche wirklich alles in Ordnung? Tatsächlich, das Ablaufdatum des Feuerlöschers war noch nicht überschritten. Und der Blitzableiter war gerade vorher wieder einmal geprüft worden. Aber was war auf dem Dachboden der Kirche? Standen da nicht noch verbotenerweise die Sachen des letzten Flohmarkts herum? Zwar hatte man versprochen: „Nur kurz … wir holen es eh gleich wieder ab." Aber dann hatte man wohl darauf vergessen. Und auch selber hat man nicht mehr daran gedacht. Also war jetzt viel Arbeit angesagt! – Was konnte noch alles nicht in Ordnung sein …? Waren alle Steckdosen geerdet? Die Nacht vor der Kontrolle war voller unruhiger Träume. Im Traum sah ich mich schon wie ich es so oft in Kriminalfilmen gesehen hatte: in Handschellen. „Führen Sie ihn ab!" Aufgewacht fasste ich den Vorsatz, künftig weniger Filme über Kriminelle, sondern eher über Heilige anzuschauen. Allerdings gibt es in diesem Bereich kein großes Angebot.

Alles kommt dann anders als man denkt. Als man fürchtet. Der Inspektor gehörte zur Gattung „freundlicher junger Wiener". Er hatte nicht einmal Handschellen mit. Es scheint die Sonne. Es lacht die Freiheit!

Zuerst war er grantig. Er habe gehofft, so teilte er mit, der Arzt würde ihm Ruhe verschreiben. Das Gegenteil war der Fall. Bewegung, Aktion war angesagt. Dann erzählte er seine Krankheitsgeschichte. Ein Zuhörer kann sich dagegen nicht wehren, und den Erzähler muntert es auf. So auch jetzt. Mit Ultraschall habe man ihn durchsucht. Mit diesem Verfahren kann man das Innere eines Menschen auf einem Bildschirm sichtbar machen.

Und so habe man gesehen, dass er zwei Nieren in ungleicher Größe habe. Die aber miteinander gute Arbeit leisteten. Außerdem habe er Gallensteine. Ich versuchte ein mitfühlendes „Ach so!" zu produzieren. Aber er ergänzte: „Das ist an und für sich bedeutungslos. Viele Menschen haben Gallensteine. Sie wahrscheinlich auch!"

Nach dieser Anklage wusste er noch Erfreulicheres. Er habe ein ganz tolles Bild am Schirm abgegeben, erklärte er stolz. Die beiden Ärzte seien begeistert gewesen. Er blickte mich zufrieden an wie einer, der auf eine persönliche Leistung zurückschaut. Die Sorge um seine Krankheit hatte er auf eine Fernsehsendung reduziert. Aber so ist es wohl oft mit den Problemen dieser Welt.

Im Morgenjournal im Hörfunk gab es eine Meldung über neue Gebühren, die beim Fotokopieren eingeführt werden sollten. Diese Gebühren waren als eine Art Wiedergutmachung für Raubdrucke gedacht. In einem Kommentar dazu wurde noch berichtet, was Leute so alles fotokopieren. Eigentlich alles. Außer Gedichte. Gedichte werden nicht kopiert.

War das eine gute Nachricht oder eine schlechte Nachricht? Ich denke beides. Denn vielleicht ist es so, dass Fotokopiergeräte die Gedichte nicht wollen. Poesie ist nicht logisch. Darum bringt sie die Maschinen durcheinander. Weswegen die Maschinen die Gedichte ablehnen. Wenn dem so wäre, wäre die Nachricht gut. Ich fürchte aber, die Maschinen sind schon bereit, diese dummen Sklaven. Nur die Menschen wollen nicht. Sie brauchen keine Gedichte. Und das ist eine schlechte Nachricht. Vielleicht aber gibt es doch ein paar Leute, die Gedichte lieben. Sie lieben sie so sehr, dass sie diese Gedichte keiner Maschine anvertrauen. So wie man kein teures Porzellan in die Geschirrspülmaschine steckt.

Lieber schreiben solche Leser das Gedicht mit der Hand ab. Buchstabe um Buchstabe. Wie einer, der selbst ein Dichter geworden ist.

Obwohl sie eine fröhliche, menschenfreundliche Art hatte, litt sie manchmal unter Depressionen. Da sie Köchin war, fanden diese Depressionen auf dem Speiseplan ihren Niederschlag. In solchen depressiven Phasen wurde das von ihr vorbereitete Mittagessen äußerst eintönig. Über Tage hinweg gab es dann nur Pfanni-Kartoffelpüree mit Leberkäse. In diesen graueren Kochphasen brachte sie nur etwas Kreativität auf, um das Menü wenigstens sprachlich schmackhaft zu machen. Für die Einseitigkeit erfand sie immer neue Argumente. Manchmal finanzieller Art, dann wieder gab es umweltbewusste oder ernährungstheoretische Argumente. Auch energiesparende Maßnahmen brachte sie ins Spiel, wobei sie wohl besonders die eigene zu sparende Energie ins Auge gefasst haben mag. Gelegentlich gab es in dieser Argumentation auch Abstecher ins Metaphysische. Sie berief sich auf Träume, die sie als Vision verstanden wissen wollte. In diesen Visionen sei ihr der Wunsch der Essgemeinschaft nach Leberkäse leuchtend erschienen.

Und die Essgemeinschaft? Nun, bald teilte sie die Melancholie der Köchin. Es gibt kaum etwas, was in unserer Zeit mehr gefürchtet wird als Mangel an Abwechslung. Und wer interessiert sich schon für die Abenteuer des Geistes?

Mit nur sechs anderen Leuten war ich das Publikum in einem Kellertheater. Das Ein-Mann-Stück war interessant. Der ältere Schauspieler tat auf eine etwas altmodische Art sein Bestes. Wir, das Publikum, versuchten miteinander die Stimmung eines vollen Saals zu vermitteln. Wir applaudierten was wir konnten, und der Schauspieler nahm den Applaus entgegen wie einer im Burgtheater.

Mir tat er etwas Leid. Und auch seine Frau, die vorher die sieben Karten verkauft hatte und wahrscheinlich auch alle technischen Aufgaben vornahm. Ich stellte mir vor, wie sie beide nach der Vorstellung enttäuscht zu Hause saßen. Die Frau tröstet: „Es war eine gute Vorstellung!" Das sagt sie jeden Abend. Und er, wie immer: „Es waren wieder nur wenige da." Aber sie: „Es war ein großartiges Publikum. Willst du noch Tee?" – Etwas verbittert denkt er an seine Kollegen, vom Burgtheater und so, die nach der Vorstellung groß miteinander feiern. Und an alles, was er sich einmal erträumt hat. Dann aber blickt er auf seine Frau, die ihm nun so viele Jahre die Treue gehalten hat. Ein Gefühl großer Zärtlichkeit steigt in ihm auf. Sie war ein großartiges Publikum! Bald wird sich der Vorhang seines Lebens schließen. Es ist nicht so geworden, wie er es sich erträumt hatte. Aber es war eine gute Vorstellung. Und die beharrliche Aufmerksamkeit eines anderen Menschen – war das nicht genug?

Ich bin eher ein Kinogeher als ein Opernbesucher, wohl auch weil ein Kinobesuch billiger und unkomplizierter ist als ein Besuch der Oper. Aber nun war ich doch wieder einmal (und zwar mit Freude) in der Oper, beim Ballett Schwanensee. Dort entdeckte ich einen Menschen mit einem merkwürdigen Beruf: Blumenwerfer. Er sitzt in einer Loge direkt bei der Bühne. Und er wirft beim Abschlussapplaus den sich verbeugenden Tänzern und Spielern Blumen zu. Dazu ist er angestellt. Es ist ein Beruf.

Es ist ein schöner Beruf, finde ich. Vorher ist der arme Prinz in den Wellen des Schwanensees so theatralisch und traurig gestorben. Nun, beim Applaus, findet Auferstehung statt. Und der Prinz winkt mit den ihm zugeworfenen Blumen.

Ich habe nicht gewusst, dass es diesen Beruf eines Blumenwerfers gibt. Vielleicht hätte ich in der Jugend diesen Beruf gewählt? Aber auch heute noch kann jeder im Alltag ein Blumenwerfer sein. Nicht immer beruflich, eher ehrenamtlich. Damit im Alltag Auferstehung stattfindet und Menschen fröhlich mit Blumen winken.

Eine oft übersehene, aber ganz wichtige Funktion in unseren Kirchen üben die Mesnerinnen und Mesner aus. Ich kenne viele solche Frauen und Männer, die mit ganzem Herzen einen Teil ihres Lebens in diesen Dienst gestellt haben. Oft bleiben sie dabei ziemlich unbedankt. Nicht aus Bösartigkeit. Aber ihre Arbeit wird nicht gesehen. Ohne diese Arbeit jedoch wäre vieles in unseren Kirchen nicht möglich. Nun gibt es unter den vielen engagierten Mesnerinnen und Mesnern wohl auch ein paar Ausnahmen. So las ich Negatives über einen evangelischen Mesner, einen „Küster", auf der Nordseeinsel Texel. Dieser Küster war keine Zierde seines Berufsstandes. Eigentlich war er ausgesprochen faul. Statt zu arbeiten trank er lieber Kaffee. Der Gottesdienst war ihm lästig. Deswegen stellte er sich sonntags in den Kircheneingang und sagte zu den vereinzelt kommenden Leuten, dass es sich nicht auszahle hineinzugehen, denn sie seien ohnedies die einzigen Besucher ... Einmal aber rettete dieser faule Küster einem Pastor das Leben. Er bewahrte ihn vor dem Erstickungstod, beinahe von einem Mikrofonkabel verursacht.

Ist das nicht eine Hoffnung für uns alle? Manchmal ist unser Leben so banal. Wir versäumen so viel. Aber gelegentlich gelingt uns doch etwas, das unsere armselige Existenz rechtfertigt.

I.

Das Fest der Erstkommunion ist ein Fest voller Anmut. Aber das Fest ist nicht immer lauter Wonne. So vor kurzem in einer Pfarre, wo ein schwieriger Elternabend vorangegangen war. An diesem Abend wurde gestritten. Der Streitfall war eine Torte. Die Streitfrage lautete: Soll man zu den selbst gebackenen Kuchen noch eine Torte kaufen? Es gibt in Wien das Angebot so genannter Erstkommuniontorten. Es sind kleine Meisterwerke der Konditorkunst. Der Konditor bringt hier seine religiösen Gefühle und Ideen in Marzipan voll zum Ausdruck. In diesem Fall ging es um eine Torte in Gestalt eines Messbuches.

Ein Teil der Eltern wünschte sich für das Kinderfrühstück den Ankauf eines solchen essbaren Missales, ein Teil nicht. So gab es zwei Parteien, die sich nicht einigen konnten. Worauf die Messbuchpartei beschloss, in eigener Aktion und mit eigenen Mitteln diese Torte doch durchzusetzen. Ach, klein sind oft die Anlässe unserer unversöhnlichen Auseinandersetzungen. Und was macht der Pfarrer, der erfolglos zu vermitteln versucht hat? Ein kleines Messbuch hat er vorgeschlagen. Sozusagen als Kompromiss. Vergebens, denn es ging um Grundsätzliches. Nun sitzt der Friedensvermittler beim Frühstück und isst von allem ein bisschen.

II.

Nun habe ich als Ausländer in Österreich zum ersten Mal wählen dürfen. In gehobener Stimmung begab ich mich am Wahlsonntag ins Wahllokal, das allerdings einigermaßen heruntergekommen aussah. Eine ältere Dame fragte mich vor dem Wahllokal, wie denn wohl der Spitzenkandidat der Wiener Freiheitlichen heiße? Worauf ich sie fragte, ob sie sicher sei, dass dieser eine gute Wahl sei? Sie hatte den Missionar in mir geweckt, und tatsächlich hatte sie den Missionar erkannt. „Sind Sie Priester?", fragte sie. Denn des weltlichen Anlasses wegen war ich ohne Kollar gekommen.

Da die Dame Staat und Kirche weniger trennte als ich es tat, wollte sie von mir eine genaue Wahlempfehlung hören. „Wissen Sie", erklärte sie mir, „wir Österreicher müssen gegen die Ausländer wählen. Denn die nehmen uns die Pensionen weg!" Nun, das hatte ich als Ausländer eigentlich nicht vor. Und ich fing mit einer längeren Rede, in der ich das erklärte, an. Eine ganze Menge christlicher Werte trug ich vor. „Gut haben Sie geredet", meinte sie, „so richtig wie ein Pfarrer. Eine Predigt am Sonntag bringt Segen, sage ich immer. Aber ich werde doch anders tun als Sie sagen." Ja, das passiert unsereinem mit dem Predigen schon öfter.

Mit der Schneeräumung in Wien ist jeder unzufrieden. Die Erwartung ist, dass, sobald einige Schneeflocken sich sesshaft gemacht haben, die Schneeräumung überall gleichzeitig an Ort und Stelle ist und die Übeltäter entfernt. Was gerade in diesem langen Winter mit seiner so genannten „klirrenden Kälte" nicht der Fall ist. Deshalb raunzen wir. Mit Ausnahme jener Drucksachen der Gemeinde, die man als Postwurf zugestellt bekommt. Der Postwurf ist zufrieden. „Ein Bravo für die Schneeräumung!", jubelte er. Er hat sich sowieso zum Ziel gesetzt, uns klar zu machen, wie dankbar wir zu sein haben, dass wir in Wien wohnen dürfen.

Besonders ich raunze, weil der Platz, wo ich wohne, immer um zwei, drei Uhr in der Nacht vom Schnee gesäubert wird. Und dies mit einer beträchtlichen Lärmentwicklung. – So war es auch diese Nacht, in der die Kälte und die Schneeräumer besonders klirrten. Wütend wachte ich auf: Muss das jetzt sein? Bis ich an die Männer dachte, die diese unbedankte Arbeit machen. Wohl nicht, weil sie so lustig oder so gut bezahlt wird. Wie viel Kärglichkeit des Lebens nötigt diese Menschen. Wie viel Unmut, Bitterkeit, Einsamkeit mag sich wohl in ihren Herzen frierend verbergen. Als sie dann wieder abzogen, murmelte ich doch freundlich „Bravo". Und schlief weiter.

Kürzlich habe ich jemand vom Flughafen abgeholt. Sehr früh war ich schon da, denn der Wiener Flughafen ist ein Ort, wo ich gerne bin. Man liest die Namen weit entfernter Städte und spürt den Geruch der Ferne. Der Alltag weitet sich. Ich versuche mich diesem internationalen Flair anzupassen und auszuschauen wie einer, der zwecks Geschäfte nach New York fliegen muss oder einfach wie einer, der nur auf einen Sprung eine Krawatte in Paris kaufen möchte.

Irgendein orientalischer Mensch wartet hier am Flughafen geduldig. Ein Araber? Verträumt starrt er um sich. Hat er die Wüste und Kamele vor Augen? Oder eher doch seine Ölquellen und die letzten Auszüge seines Bankkontos? Geschäftsleute sieht man zu dieser Jahreszeit sowieso sehr viele hier. Sie schauen alle ziemlich gleich aus und nützen die Zeit mit Telefonieren.

In einem Kaffeehaus in der Halle sitzt ein Dichter. Das jedenfalls ist meine Annahme. Weil er um einiges bunter als die Geschäftsleute ausschaut. Und weil er gelegentlich eine Zeile in ein Heft schreibt. Für jede neue Zeile braucht er eine lange Zeit des Nachdenkens. „Kreative Pause" nennt ein Dichter das. Gerade wegen der vielen kreativen Pausen haben Dichter bei Geschäftsleuten einen schlechten Ruf. Ist er hier am Flughafen fehl am Platz? Aber gerade der Dichter schaut aus wie einer, der bald davonfliegen wird.

Einmal im Monat besuche ich ein Institut für Fußpflege. Salon „Doris“ nennt sich dieses Institut. So nebenbei kann man sich hier vielfach bilden. Letztes Mal, während der Fußbehandlung, vernahm ich aus der Nebenkabine ein tolles Rezept für Kartoffelpuffer und eines für irgendeinen Braten im Römertopf, bei dem das gute Gelingen allerdings zweieinhalb Stunden Wartezeit verlangt.

Ja, das Warten. Bilden kann man sich hier schon beim Warten. Doch das Angebot an Zeitschriften für die Wartenden ist hier ein wenig anders als das Angebot im Erzbischöflichen Ordinariat. Durch die Lektüre im Salon „Doris“ bin ich nun informiert über den Stand der Dinge in den europäischen Fürstenhäusern. Obwohl ihre Angehörigen ihren Job meist längst verloren haben, ist das Informationsbedürfnis nach dem Schicksal dieser Arbeitslosen erstaunlich höher als das Interesse für den „gewöhnlichen“ Arbeitslosen. Auch die Arbeitslosenunterstützung kommt mir bedeutend höher vor.

Fast alle, die arbeitenden und nicht-arbeitenden Fürstenkinder, haben große Probleme, besonders in ihren Ehen. Wobei der Leser über den Wahrheitsgehalt dieser Berichte berechtigte Zweifel haben mag. Nach allgemein bildender Fußpflege ist ihm das gleich. Beflügelt springt er die U-Bahn-Stiege hinunter. Die unsichtbare Kosmetik hält, was das Motto des Salons verspricht: Geh wohl! In der U-Bahn denkt er über Gelesenes nach, die halben Wahrheiten, die erfundenen Lügen, die sich so leicht lesen. Leichtfüßig geht die Lüge herum. Die Wahrheit tut sich schwerer, geht etwas mühsam. Die Lüge ist schon immer zur Stelle, ehe sich die schwerfällige Wahrheit auf den Weg gemacht hat. Die Wahrheit könnte Fußpflege gebrauchen. „Geh wohl!“, wünscht man ihr.

Zahnärzte in der Werbung blicken meist grimmig in die Welt. Mit finsterem Blick empfehlen sie ihre Zahnpasten und Zahnbürsten. Die Werbeagenturen wollen wohl mit den gequälten Mienen dieser Darsteller Wissenschaftlichkeit vermitteln. Und du, umworbener, aber schuldbewusster, weil schlampiger Mundpfleger, weißt: Hier gibt es nichts zu entschuldigen und nichts zu lachen! Die wirklichen Zahnärzte, jedenfalls die, die ich kenne, sind schon fröhlicher. Obwohl beim Lachen eines Zahnarztes auch Vorsicht geboten sein kann. Früher war ich bei einem, wenn der sich locker gab, wusste ich schon: Jetzt kommt etwas Schlimmes!

Nun bin ich schon seit Jahren bei einem Arzt, der immer munter und dessen Lachen keine Falle ist. Schlimm ist eigentlich immer nur der erste Weg zur Behandlung. Natürlich! Du hättest schon viel früher gehen sollen! Die Ausreden halten nicht. Du warst einfach feige. Du wirst gerügt werden. Mit Recht. „Wissen Sie", erklärte ich dem Arzt, von dem ich wusste, dass er ein treuer Kirchgänger ist, „es ist wie mit der Beichte. Je länger man sie aufschiebt, umso schwieriger wird es." Darauf lachte er breit. „Ich war", sagte er.

In meiner Heimat gibt es einen Spruch für jene Situation, wenn man verlegen schweigen muss: „Mit dem Mund voller Zähne dastehen!" So war es auch hier. Oder nach einem anderen vaterländischen Spruch: „Lachen wie ein Bauer, der Zahnweh hat."

Wenn ich unter dem Motto Tatort von den Widerwärtigkeiten des eigenen Alltags berichte, muss der/die damit belästigte Leser/Leserin wohl den Eindruck gewinnen, dass ich ein ziemlich trauriges Dasein friste. Das Gegenteil ist eigentlich der Fall. Meine täglichen Leiden halten sich sehr in Grenzen. Warum dann diese negative Berichterstattung aus dem Alltag? Weil bei den kleinen Unglücksfällen des Lebens oft mehr zum Lachen bleibt, als wenn alles normal läuft. Humor ist, dass man trotzdem lacht und so. Über dieses „trotzdem" in Wien schreibe ich. Wien ist, dass man trotzdem lacht.

So ist noch einmal von einem Zahnarztbesuch zu berichten. Eine größere Aktion war angesagt und so wurde es auch. Da ich zwar kein Held bin, aber eine gute Erziehung genossen habe, gelang es mir bei den vier Zahnziehungen eine äußere Ruhe zur Schau zu tragen. Die Arztassistentin, ein mütterlicher Typ, war beeindruckt und rief ununterbrochen: „Brav! Brav! Sehr brav!" Ich fühlte mich gestreichelt wie ein Hund und fing schon an, mich auf den als Belohnung zu erwartenden Knochen zu freuen. Mit einem letzten Nachruf der Assistentin: „Sie waren wirklich sehr brav", erhielt ich dann wieder meinen Auslauf, vier Zähne ärmer, dafür aber um ein Hundeerlebnis reicher.

Sie war sehr allein, jene ältere Witwe, die alle vom Sehen kannten, so wie man viele eben kennt, die man ab und zu beim Einkaufen trifft oder beim Spaziergang. Aber niemand kannte sie vom Reden. Sie war ziemlich allein, doch sie verfügte über großen Lebensmut. So feiert sie auch dieses Jahr tapfer für sich allein ihren Geburtstag. Alles hat sie für einen feierlichen Nachmittag schon vorbereitet. Vier Brötchen hat sie gekauft, einen Piccolo-Sekt, eine kleine Torte. Ein kleines Buffet hat sie für sich selbst gerichtet. Die Blumen, die sie gekauft hat, stellt sie in einer Vase dazu und spielt die Überraschte.

Auch dieses Jahr hat der Sohn nichts hören lassen. Aber sie versteht das ganz: Der arme Bub, der so viel zu tun hat. Ein Glas Sekt schenkt sie sich ein. Alles Gute zum Geburtstag wünscht sie fröhlich sich selbst. Dann ist es ihr aber doch einen kurzen Augenblick, als ob ihr das Herz bräche. Die Einsamkeit des Nachmittags überfällt sie. Aber tapfer legt sie eine Schallplatte auf. Mozart.

Und siehe da! An diesem Nachmittag zeigt sich nach langer Zeit die Sonne. Spät ist dieses Jahr der Frühling gekommen. Nun ist er da, als Geburtstagsgeschenk. Die Einsamen sind auch im Frühling einsam. „Aber“, so meint sie, „die Einsamkeit ist im Frühling etwas leichter zu ertragen.“

Aus Holland gab es vor kurzem einen sonderbaren Bericht. Und zwar über einen Einbrecher, dem bei der Ausübung seiner unerwünschten Arbeit etwas Unvorhergesehenes passierte. Kaum war er in eine Wohnung eingebrochen, da trat ihm aus einem anderen Zimmer die Hausfrau entgegen. Die allerdings über den Einbrecher überhaupt nicht erstaunt oder erschrocken, sondern der Meinung war, der Fremde sei ein neuer Freund ihrer Tochter. Über jene Tochter gab es in diesem Bericht keine nähere Auskunft. Ihre Lebensführung wird wohl so gewesen sein, dass ihre Mutter sich über unerwartete neue Bekanntschaften in ihrer Wohnung nicht mehr wunderte. Von der Mutter aber wurde dann noch weiter berichtet, dass sie den fremden Mann, den Einbrecher also, herzlich begrüßte und ihm Kaffee anbot. Der Dieb war darauf so verdattert, dass er schnell davonrannte.

Man kann diese Nachricht deuten als die Geschichte eines Missverständnisses. Man kann sie auch als Geschichte eines Verständnisses deuten: Kaffee als Stichwort für einen menschlichen Kontakt, wo es für Böses keinen Platz mehr gibt. Vielleicht fürchtet der Teufel nicht nur das Weihwasser, sondern auch den Kaffee.

Zu den wenigen Schrecken meiner eher sorgenfreien Jugend rechne ich die Klavierstunden. Einmal in der Woche hatte ich das Haus einer Dame unbestimmten Alters namens Fräulein Kamphuis zu besuchen und das Eingeübte vorzuführen. Das Haus roch immer nach Kohl und meine Vorführungen waren wohl eher mittelmäßig – war ich doch beim Üben ein Minimalist. Einmal, als ich eine Woche überhaupt nicht geübt hatte, griff ich zu einer niederträchtigen List und zeigte einen verbundenen Finger, was allerdings nur eine Täuschung war. Sicher glaubte sie mir nicht, aber sie konnte es sich nicht leisten, dieses Misstrauen auszusprechen.

Das zu übende Repertoire war nicht so angelegt, dass es halbwüchsige Knaben begeistern konnte. Fingerübungen, Etüden und bekannte Opern- und Operettenmelodien. Zu diesen Melodien sang Fräulein Kamphuis dann selbstgebastelte Texte. So taufte sie eine berühmte Oper um in „Die Eierfrau" und sang zum Leitmotiv eine Klage der Eierfrau: „Was würden die Menschen wohl sagen, wenn ich gar keine Eier hätt'?" Damit bekam all diese theatralische Leidenschaft einen niederländischen Kohlgeruch. Manchmal spielte sie auch selbst. Als Belohnung, wenn meine Leistung nicht allzu schlimm war. Auf einmal hatte sie dann etwas Entzücktes. Ach, Fräulein Kamphuis, sicher hattest du vom Leben auch anderes erträumt, als Kohl essen und faulen, halbkriminellen Knaben Klavierstunden geben.

Vor kurzem machte ich eine Fahrt durch die Nacht im Liegewagen eines Zuges. Eine „Euronight" nennt der Veranstalter solcher Fahrten derartige Nächte. Im Liegewagen befand sich ein angestellter Betreuer. Ein Nachtwächter der Euronight. So dachten manche, dass dieser ein Aufpasser sei, ein Ordnungshüter. Andere dagegen meinten, dass er wohl eher ein Schaffner sei, also ein Verwalter, ein Beamter. Vielleicht wird er einmal Oberschaffner sein. Sogar vielleicht Schaffnerrat.

Neue Unsicherheit entstand in Rosenheim in Deutschland. Der Zug blieb hier länger stehen. Auf einmal war der Nachtwächter verschwunden. War er ausgestiegen, um bei den Rosen nachzuschauen? War er vielleicht gar kein Schaffner, sondern ein Gärtner? Aber in der Früh war er dann doch wieder da und brachte das Frühstück. War er ein Kellner? Der Wächter der Euronight hörte sich die vielen Benennungen geduldig an. Er wusste: Eigentlich bin ich nur einer, der die Seelen der Reisenden behütet und sie dorthin führt, wo sie glauben, ein wenig glücklicher leben zu können. Dann lächelte er.

Der Sinn dieses Gleichnisses ist: Über Gott haben wir viele Meinungen. Ist er ein Verwalter? Ein Aufpasser? Ein Gärtner? Ich denke, dass Gott manchmal über uns lächelt.

Er war ein geborener Faulpelz. Ich glaube, es hat noch nie jemanden gegeben, der so faul war wie er. Ihm war im Leben nichts Wichtiger als der Schlaf. Sein Schlaf war traumlos, denn auch zum Träumen war er zu faul. Mit 18 Jahren entschied er sich für den Beruf eines Schlafwagenschaffners. In dem Milieu der Schlafenden fühlte er sich so richtig wohl. Die Arbeit, zu der ein Schlafwagenschaffner verpflichtet ist, beschränkte er auf ein Mindestmaß. „Sie machen wohl am besten alles selbst!", rief er den Reisenden mit einer unbestimmten Gebärde auf die Reisedecken und Kopfkissen zu. Dann zog er sich in seine Kabine zurück. Wenn dann in der Nacht die Reisenden noch kamen und etwas wollten, versuchte er es ihnen auszureden. „Was, Kaffee? Zu dieser Zeit? Sie werden überhaupt nicht schlafen!" Dann schloss er die Tür und schlief wieder ein.

Zwar kam er viel in der Welt herum, aber von den Städten dieser Welt sah er nur die Bahnhöfe. Und auch von diesen verschlief er die meisten.

So feierte er seinen 30. Geburtstag. Er verschlief auch diesen, aber am Tag darauf erfasste ihn eine unbekannte Unruhe. Ob er nicht doch im Leben etwas versäume? Er beschloss, bei der nächsten Station die Welt anzuschauen.

Wie in allen Städten hieß die Welt in Bahnhofsnähe: Bahnhofstraße. Er ging durch diese Straße. Und was er sah, waren zwei raufende Alkoholiker, ein weinendes Kind, einen Verkehrsunfall und eine tote Taube. „Es zahlt sich nicht aus", sagte er zu sich und zog sich in seine Schlafkabine zurück. Für immer.

So reist er nun durch die Welt und macht auch den beharrlich Klopfenden nicht mehr auf. Wenn Sie auf Ihrer nächsten Reise umsonst beim Schlafwagenschaffner klopfen, ärgern Sie sich nicht über ihn. Sie wissen nun Bescheid.

I.

Zu einem Besuch am Abend war ich eingeladen. Nur die Terminfrage war noch nicht gelöst. Zu dem von mir vorgeschlagenen Termin gab es die sofortige Reaktion: „Das geht nicht. Da ist ja noch Fasching!“ Um guten Willen zu zeigen, bot ich an, vorher einige Witze zu lesen und diese auswendig zu lernen. Aber die Neugierde auf meine Witze hielt sich ziemlich in Grenzen. Sodann wurde für die Einladung der richtige Termin gefunden. Wir einigten uns auf den Abend des Aschermittwochs. Einen Abend also, der starken Bußcharakter hat.

Ja, das war wieder einmal mein lebenslängliches Problem. Ich bin keine Stimmungskanone. Lange Zeit war es für mich der allerschlimmste Tag eines Jahres, an dem ich mit einem Reisebus voll mit Angestellten den jährlichen Betriebsausflug zu machen hatte. Die Erwartung war doch, dass man die Leute durch das Mikrofon unterhalte. Mit Witzen und so. Mein Vorgänger war in diesen Dingen ein wahrer Meister. Das wurde mir oft mitgeteilt. Mir fiel aber einfach nichts ein und ich fühlte mich von Stunde zu Stunde langweiliger werden. Und auch voller Schuldgefühle. Denn diese Menschen, die tagtäglich hart arbeiteten, hätten sich wirklich einen fröhlichen, unterhaltsamen Reiseleiter verdient.

Ich habe jedoch gelernt, damit zu leben. Ich hätte natürlich auch gerne bessere Eigenschaften gehabt. Aber ich versuche halt mich mit denen, die ich habe, durchzuschlagen und wenigstens über mich selbst zu lachen.

II.

Es läutete. Es war früh am Abend. Ich war allein zu Hause, in einem Pfarrhof in Amsterdam. Vor der Tür stand ein Mann, irgendwo zwischen 70 und 80 Jahre alt. Er habe einen Vorschlag, so erzählte er. Er möchte für die Pfarre einen Auftritt als Zauberer. Dazu würde er dann Witze erzählen. Vor allem die Witze seien ihm ein Anliegen. Dieses Witzeerzählen könne er sehr gut. Sogar das Fernsehen habe ihm einen Auftritt mit seinen Witzen angeboten – RTL. Aber RTL wünschte obszöne Witze. Da mache er nicht mit.

Als ein etwas trauriger Witzbold kam der Mann mir vor. Ich kann mir schon denken weswegen. Damals, als er jung war, war er unter seinen Freunden bei jedem Fest der gefeierte Mittelpunkt. Die Stimmungskanone. Und auch später bei jedem Familienfest. Als er aber älter wurde, wollte man die schon oft gehörten Witze nicht mehr hören. Seine Tochter schämte sich: „Ach Vater, nicht wieder!", rief sie, als er wieder zu einem Witz ansetzte. Ein „come back" hatte er dann noch bei den beiden Enkelkindern – aber diese Zeit war nun auch vorbei – er sieht sie nur selten. Niedergeschlagen verabschiedete sich der pensionierte Spaßvogel und trottete um die Ecke. Nein, viel zu lachen gab es heute nicht mehr für ihn.

In Wien nimmt die Zahl der Boten zu. So ist wenigstens der Eindruck des betrachtenden Außenseiters. Mit ihren Fahrrädern hetzen sie durch die Stadt, lautlos wie die Engel. Für den Betrachter gibt es unter den Boten verschiedene Klassen. Manche schauen wie arme Bettelstudenten aus, die sich so ein Zubrot verdienen. Andere dagegen fahren in bester Ausrüstung und könnten sich gleich an der Tour de France beteiligen. Auch so erinnern diese Boten an Engel, unter denen es bekanntlich eine Rangordnung gibt: Engel, Erzengel usw. Solche Boten gibt es in der Bibel gar nicht so wenige, Engel oder Menschen, die eine Botschaft Gottes weitergeben sollten. Die zehn Gebote sind, wie man weiß, nicht über Fax zu uns gekommen.

Was für eine Botschaft die modernen Boten wohl bringen mögen? In alter Zeit war das nicht gleichgültig. Der Überbringer einer schlechten Nachricht wurde gelegentlich gleich umgebracht. Andererseits heißt es in der Bibel: „Wie willkommen sind auf den Bergen die Schritte des Freudenboten, der Frieden ankündigt und Rettung verheißt" (Jes 52,7). Einen solchen wünsche ich mir. Keinen mächtigen Rennfahrer, sondern einen kleinen Engel, der uns Friede und Freude verheißt.

Sie ist Volksschullehrerin. Sie hatte eine bescheidene Urlaubsreise gemacht. Nach dem Tod ihrer Mutter, die sie viele Jahre gepflegt hatte, hatte sie dieses Jahr zum ersten Mal diese Freiheit. Die Pflege der Mutter war ihr oft eine große Last gewesen, nun aber fühlte sie sich manchmal recht einsam. Jetzt war sie schon in jenem Alter, wo Leute in Filmen und Romanen, auf ihr Leben zurückblickend, sich fragen: „Das soll alles gewesen sein?"

Tatsächlich, sie hatte sich vom Leben schon etwas mehr erwartet. Zum Heiraten war es nie gekommen, nun war die Zeit dazu schon vorbei. War sie unglücklich? Sie ging am Ende des ersten Schultages den üblichen Weg nach Hause. Durch die Bäume bröckelte frühes Herbstlicht. Sie nahm es an wie vorher das Wiedersehenslachen der Kinder. Lachen und Licht umkleidete sie wie ein Mantel, der ihr gut zu Gesicht stand. Denn nun lächelte auch sie.

Er war ein Mittelschüler, Maturant, kein Kind mehr, aber erwachsen fühlte er sich auch noch nicht. Der erste Schultag war ihm schwer gefallen, wie überhaupt die Rückkehr von der griechischen Insel. Ihm kam nun alles zu Hause und in der Schule ziemlich eng und kleinbürgerlich vor. Was wussten die hier schon von der griechischen Sonne, von der Weite des Strandes, des Meeres: von der Freiheit. Er schaute sich um in der Klasse, lauter gewöhnliche Leute, die er nun schon Jahre kannte. Neues zu entdecken gab es bei denen kaum. Aber siehe da! Auf einmal erinnerte er sich an einen Abend auf der Insel, wo er ganz allein am Strand war und er diese gewöhnlichen Leute sehr vermisst hatte. Jeder Mensch ist ein ganz gewöhnlicher, aber jeder ist auch etwas Besonderes. Einer, der, wenn er nicht da ist, abgeht, vermisst wird. „Es sind meine Freunde", dachte er, und es kam ihm vor, als ob das abgenützte Klassenzimmer von griechischer Sonne durchflutet würde.

Sie saß in einem Garten. Nun waren die letzten Sommergäste weggefahren. Nach der ungeheuerlichen Anstrengung des Sommers genoss sie die Ruhe. Sie sah das Land, die Berge – all das gehörte nun wieder den Menschen, die hier wohnen. Sie war zufrieden. „Ich muss nicht irgendwohin fahren. Ich bin schon irgendwo." Die Abendsonne über dem Land ließ auch ihre Seele leuchten.

Zeitrechnung
Wo die Zeit bleibt
Wo die Zukunft geboren wird

# zeit

orts

I.

Du, der du meine Seele
aus dem Chaos der Nacht
ans Licht geführt hast,
du, der du mich
genannt hast,
gerufen, beauftragt:
Nun stehe ich vor dir
an diesem Schöpfungstag,
ein Neugeborener.
Und bitte dich:
um Gutheißung,
um Anfang.

Du, der du zu mir
im Todesschatten des Schlafes
gesprochen hast:
„Steh auf!"
Du, der du
in meiner taubstummen Finsternis
Augen, Ohren, Mund
berührt hast:
Nun stehe ich vor dir
an diesem Auferstehungsmorgen,
ein Auferstandener.
Und bitte dich:
um Gehversuch,
um Sprachgebrauch,
um Hörensagen,
um Augenschein,
um Handreichung,
um Anfang.

II.

Meine Tagesanfänge sind eher langsam und widerwillig. Ich gehöre nicht zu jenen morgenfrischen Typen, die als Jogger in der Früh den Donaukanal entlang rennen. Schon der Gedanke daran lässt mich schaudern.

Nein, ich sitze in der Küche und trinke Kaffee. Natur mild, nennt sich der Kaffee. Tatsächlich, nichts Robustes ist dabei. Sogar die Art, wie ich zum Kaffee komme, ist ein schonender Vorgang. Ich besitze nämlich ein Gerät, wo am Abend vorher schon die Uhrzeit eingestellt werden kann, wann der Kaffee fertig zu sein habe. Zur gewünschten Zeit schaltet sich die vorbereitete Maschine dann ein. Das gibt einem das Gefühl, dass ein Diener, ein milder Butler serviert.

Die Geräusche des anfangenden Tages sind Stadtgeräusche. Kein Hahnenschrei weckt einem das Gewissen auf. Nur Müllabfuhr und die lärmende Belieferung des renovierten Billa-Geschäfts in der Nähe vertreiben die Reste der Nacht. Aber dann fangen doch die Glocken des Stephansdomes zu läuten an. Nun wacht die Seele doch auf. Sie, die müde Langschläferin, steht auf. Macht mich anwesend, murmelt sie. Und erinnert an Psalmworte, weise, mahnende: Heute, ach – es verhärte sich nicht dein Herz.

In der Wüste des Tages
wird dir eine Blume geschenkt.
Und sieh mal an:
Die Kraft der Blume
schafft dir eine Oase,
eine Quelle, einen Mittagsschatten.

In der Sprachlosigkeit des Tages
bringt ein Bote dir einen Brief.
Und sieh mal an:
Die Kraft dieser Worte
baut dir eine Brücke
über Abgründe des Schweigens.

Im Kleinkrieg des Tages
wird eine Hand dir gereicht.
Und sieh mal an:
Die Kraft dieser Handreichung
macht deinen Kriegsschauplatz
zum Tal des Friedens.

In der Verlassenheit der Nacht,
auf deinem traurigen Heimweg,
holt Tagesanbruch dich ein.
Und sieh mal an:
Aus deinem Weltuntergang
wird erster Schöpfungstag,
wird Morgen der Auferstehung.

Sieh mal an:
die geschenkte Blume,
das umarmende Wort,
die viel sagende Hand,
den aufleuchtenden Tag.

*Die Märchenerzähler* erzählen
zu Mittag keine Geschichten.
Zu Mittag sprechen sie
die klare Sprache der Kontoauszüge.
Wenn einer trotzdem zu Mittag
ein Märchen erzählt,
kann man es glauben:
Die Mittagsmärchen sind wahr.
*Die Heinzelmännchen* halten sich
zu Mittag versteckt.
Nur die, die in den Bäumen wohnen,
sind auch am Mittag zu sehen.
Wer hat schon Zeit
zu Mittag auf Bäume zu achten?
Wer ein solches Heinzelmännchen sichtet,
hat aber drei Wünsche frei.
*Die Gespenster* schlafen am Tag,
nur die jungen sind wach
und wollen spielen.
Darum: Hab keine Angst,
wenn zu Mittag
ein Gespenst dir begegnet.
Es sucht nur etwas Unterhaltung.
*Die würdigen Engel* ruhen zu Mittag sich aus.
In der Früh und am Abend
schleppen sie die Gebete der Menschen zu Gott.
Diese Gebete sind lange und schwer,
voller Klagen und Seufzer,
und die Engel kommen nur langsam voran.
In der Mittagszeit tragen
kleine, flinke Mittagsengel schnell
die kurzen, leichten Mittagsgebete hinauf.
Wer zu Mittag betet,
wird schneller erhört.

Wer hat das Tageslicht gestohlen?
Wo kann ich mir Hilfe holen?

Wer wird die Fledermäuse fangen?
Die Pfarrer sind alle schlafen gegangen!

Wer hat die Singvögel umgebracht?
Der Schlaufuchs hat schon dreimal gelacht ...

Gespenster sind ausgebrochen.
Hexen wollen die Kinder kochen.

Es hungert sehr den Menschenfresser Ungemach.
Des Giftzwergs Schlangengras ist aufgewacht.

Wo bleibt der Helfer Morgenrot?
Ein Kobold verspeist ihn zum Abendbrot.

Ich will fahren ans Ufer Tageslicht.
Aber einen Bootsmann gibt es nicht.

Was soll ich bloß tun? Wem trauen?
Ich werde eine Leiter zu den Sternen bauen!

Ein Sommertag erwacht, leicht wie ein Kind. Der Tag ist noch unverbraucht. Ofenfrisch. Der Tag liegt vor dir als freundliches Zauberland. Hier ist das Fragen erlaubt. Hier hilft das Wünschen. Die Sonne ist ein leichtsinniges Versprechen. Ein Sommertag geht die ersten Stunden leichten Fußes. Die Straßenbahn ladet ein wie ein fröhliches Karussell. Menschen gehen ihre Wege wie im Wunderland. Die Sonne ist ein heiterer Muntermacher.

Aber ein Sommertag altert schnell. Erst elf Uhr – und schon ist er müde, verstaubt, schläfrig, auf einer Durststrecke. Vergessene Worte melden sich unerwartet. Das Wort Mittagsteufel. Das Wort Angstloch. Angstloch? Angstloch!

Da hat doch einmal einer erzählt, wie das ist, wenn man den Südturm, den höchsten Turm des Wiener Stephansdomes besteigen will. Zuerst geht man da die vielen Stiegen, die die Touristen gehen. Sie sind dann schon ganz hoch im Turm, aber nicht am Ende. Der restliche Weg zur Spitze des Turmes führt über eine Leiter an der Außenseite des Turmes. Von der inneren Stiege bis zur Außenleiter muss man durch jenes Loch, das Angstloch genannt wird. Sogar erfahrene Bergsteiger haben dort Angst. Zweimal im Jahr hat der Dombaumeister diesen Weg zu gehen oder gehen zu lassen.

Angstloch ... Auch der Sommertag hat seine Angstlöcher. Der Sommerabend jedoch ist voller Güte und Segen. Er ist ein Gastwirt, ein Märchenerzähler, ein Liedermacher. Der Sommerabend ist ein Mönch, der dir einen Abendsegen spricht.

Die letzten Tage des Urlaubes waren schon voll Herbst. So voller Herbst war auch die Reise nach Österreich zurück: eine Herbstreise. Die zurückgebliebene Landschaft erinnerte an das Vorübergehen und an die Vergänglichkeit der Dinge und des Lebens. Jeder Mitreisende kam mir als ein Herbstreisender vor. Herbstreisende auf dem Weg in den Winter.

Ein Jahr vergeht. So auch das Leben. Vor einigen Monaten gab es im englischen Fernsehen ein bedeutendes Interview mit einem Schriftsteller, der um die Verletzbarkeit des Lebens wusste. Es war ein langes Gespräch mit Dennis Potter. Bei diesem Gespräch war Dennis Potter todkrank und wusste um das baldige Ende seines Lebens. Wenn ein Mensch so weit ist, hat er wohl wenig Lust, sich aufzuspielen. Und so wurde aus diesem letzten Interview ein sehr offenes, berührendes Gespräch. Es wurde dabei auch über den Glauben gesprochen. Potter sagte dazu einen merkwürdigen Satz. Er sagte: „Glaube ist nicht ein Pflaster. Der Glaube ist die Wunde."

Der Glaube ist nicht nur die Erfüllung der Sehnsucht im Herzen des Menschen. Der Glaube erweitert auch diese Sehnsucht. Die kleine Unruhe des menschlichen Herzens wird im Glauben grenzenlos. Der Glaube deckt diese Sehnsucht nicht zu wie ein Pflaster, sondern gibt ihr die grenzenlose Dimension der Ewigkeit. Glaube verwundet, wie die Liebe verwundet.

Das ist aber nicht das Einzige, was man zum Glauben sagen kann. Glauben ist nicht nur das Bluten des suchenden Herzens. Glauben ist auch Heilung, Erfüllung für die wund gelaufenen Suchenden. Heilung für die, die mit ihren Verletzungen zum Gekreuzigten aufblicken. Erfüllung für die, die im Herbst nicht nur auf den Winter warten, sondern am Frühling festhalten.

Das ist auch der Herbst. Herbst ist nicht nur Absterben, Vergänglichkeit des Lebens. Herbst ist auch Erntedank und vor allem: Erwartung des Frühlings. Herbstreisen sind Heimreisen. Der Abend kommt im Herbst schon früh. Wie eine Herbstfrau, die schon früh die Vorhänge zuzieht. Sie hat die Lampen schon entzündet und Äpfel und Birnen auf den Tisch gestellt. Und sagt dir: Ruh nur ein wenig aus. Einmal wird Frühling.

Kinderzeit ist
der heutige Tag,
ohne Schatten der Vergangenheit,
ohne Drohung der Zukunft.
Hier ist Gestern kein Schreckgespenst,
sondern ein warmer Zufluchtsort.
Hier ist Morgen keine bösartige Hexe,
sondern eine offene Tür.
Wer einem Kind den heutigen Tag nimmt,
ist ein erbarmungsloser Dieb.
Kinderort ist
wo ein Kind anwesend sein darf,
gesehen, umarmt.
Kinderort ist Mutterschoß,
Morgengarten, Spielecke,
Mittagstisch, Brot geteilt,
Abendmärchen, Schlafgeborgenheit.
Kinderort ist das Haus,
wo die Güte wohnt,
dem Spielverderber Zugang verboten.
Wer dieses Haus zerstört,
ist ein Kindermörder.
Kindersprache ist
Sprache der Zauberwörter:
Sonnenblume, Waldvogel,
Wasserfisch, Murmeltier,
Vaterhand, Muttertrost
und der Hund Sebastian.
Kindersprache ist Frageweg ins Wunderland.
Wer die Kindersprache verdirbt,
ist ein Giftmischer.
Kinder dieser Welt,
ungeliebt, hungernd, verjagt, obdachlos,
fragen die Diebe, Mörder, Giftmischer:
Wann wird endlich Kinderzeit?

*Ismaël,* der Ausgestoßene.
Er, in die Wüste geschickt,
gefunden: den Brunnen des Lebendigen,
der nach ihm schaut.

*Benjamin,* der Umbenannte.
Nicht mehr: Ben-Oni, Unheilskind,
sondern: Erfolgskind, gesegnet.
Täglich wacht über ihn der Höchste
und zwischen seinen Schultern
wohnt er.

*Mose,* der Gerettete.
Aus dem Wasser gezogen
wird er viele durchs Wasser führen,
auch aus hartem Felsen
Wasser strömen lassen.

*Samuel,* der Gerufene.
Das Kind der Erhörten
wird ein Hörender sein.

*David,* der Erwählte.
Ein nicht beachteter Hirtenknabe:
Aber er ist es!

*Jeschua:* Jahwe rettet!
Es möge gerettet sein,
umarmt, gesegnet:
Das Kind, vergessen in dir
und an so vielen Orten der Erde.

Auf die Pünktlichkeit der Züge
ist noch immer Verlass.
Nur haben über Nacht
sich die Endziele geändert.
Neue Bestimmungsorte sind:
Niemandsland, Todesgrenze, Gaskammer.
Tadellos funktioniert
die Buchführung der Namen.
Dein Name aber steht unter:
aufgegeben, abgeschrieben.
Nicht einmal als Verlustposten
wird er vermerkt.
Kein Ort mehr für dich.
Aus jedem Ort ist ein Tatort geworden.
Es ist Fluchtzeit.
Dein Leben ist versichert.
Der Glaube wohnt bei der Bank.
Kredit heißt fortan dein Credo.
Deine Zukunft ist fertig,
abgeschlossen, erledigt.
Nur noch die Anschaffung
eines zweiten Kühlschranks
wird lebensnotwendig sein:
Wohin sonst mit den 20 Käsesorten?
Für Unterhaltung ist gesorgt.
Kein anderes Verständnis mehr
wird dir abverlangt als jenes
für die Überschreitung der Sendezeit.
Die Wohnlandschaft bietet dir
lauter Geborgenheit.
Es ist Fluchtzeit.

Das tägliche Leben hat seine eigenen Unbeholfenheiten und Missverständnisse. So war es auch bei jener Mahlzeit, zu der ich an einem Nachmittag eingeladen war. Es war eine undeutliche Mahlzeit, ein Mittelding zwischen Jause und Abendessen. Ein sehr gutes Essen in einem besseren Restaurant. Weswegen ich der Gastgeberin sagte: „Das ist hier ein schönes und gutes Restaurant, wohin Sie uns eingeladen haben. Diese Vorspeise war sehr gut." Worauf sie mir erklärte: „Das war nicht die Vorspeise. Das war schon die Hauptspeise."

Natürlich fühlte ich mich zuerst beschämt wegen meiner Ungeschicklichkeit. Dann aber fand ich bald wieder den Weg zum so genannten positiven Denken, indem ich mir einredete, dass diese Begebenheit eigentlich ein Gleichnis sei.

Ist es im Leben nicht oft so, dass man meint, dass das Wesentliche und Lebenserfüllende erst kommt? Und dabei ist es schon da! Nur glaubt man, das Heute sei erst die Vorspeise. Erst die Zukunft, nach dem Studium, nach dem Aufstieg im Beruf, nach der Pensionierung, bringe die Hauptspeise. Aber das Leben hier und jetzt ist schon die Hauptspeise. Nur hat man es erst zu spät gewusst.

Ich las ein Interview mit einem so genannten „Guru der Zeit“, einem älteren Herrn. Er versteht es, nicht nur die Zeit für sich selbst zu nutzen, sondern gibt auch anderen ungefragt Ratschläge dazu. Zum Beispiel in seinem Buch: „Wie Sie täglich eine Stunde gewinnen“. – „Lernen Sie“, so der strebsame Zeitgenosse in diesem Interview, „drei Dinge gleichzeitig zu tun. Simples Beispiel: Wenn ich in der U-Bahn oder im Taxi sitze, habe ich wertvolle Zeit zur Verfügung. Warum zum Fenster hinausschauen? Da kann man lesen, schreiben, planen.“ Nun, das Hinausschauen von der U-Bahn macht tatsächlich wenig Sinn. Aber im Taxi? Beschämt denke ich daran, wie ich vom Taxi eigentlich nur hinausschaue. Es macht mir sogar Spaß. Kein Wunder, dass ich täglich keine Stunde gewinne.

Einmal war ich als junger Lehrer mit 14-jährigen Schülern auf einem Rheinschiff durch Deutschland unterwegs. Tagsüber saßen die Schüler die ganze Zeit in der Kajüte und spielten Karten. Pädagogisch machte ich auf die Sehenswürdigkeiten aufmerksam. Die Schüler schauten einmal rechts, einmal links. Dann spielten sie weiter. Was mag wohl aus ihnen geworden sein? Sicher etwas Nützliches in unserer Gesellschaft. Denn damals verstanden sie es schon, mehrere Dinge gleichzeitig zu tun und die Zeit nicht mit Hinausschauen zu verschwenden.

Vor nicht langer Zeit sprach man viel vom „Zeitgeist". Was mag das wohl für ein geheimnisvolles Gespenst gewesen sein? Einiges, manchmal Widersprüchliches, weiß man von diesem Geist. Er war „irgendwie" alternativ, ja aufmüpfig bis zur Anarchie. Er liebte Blumen, aber auch gewalttätige Demonstrationen (Demos). Er wollte alle Macht an die Phantasie. Allerdings hatte die Phantasie schon eine vorgeschriebene Einbahnstraße zu gehen. Und die Richtung dieser Straße war links, jedes Abbiegen nach rechts strengstens verboten.

Nun, von diesem Zeitgeist hört man heute recht wenig. Ob es ihn noch gibt? Vielleicht stochert er irgendwo mit einem überjährigen, rheumatischen Hippie lustlos in einem griechischen Bauernsalat ...

Der leere Platz des Zeitgeistes blieb nicht lange unbesetzt. Der Trend trat ein. Der Trend ist ein viel oberflächlicheres Wesen als der ältere Bruder Zeitgeist. Um Politik schert er sich wenig. Kein Morden im Kosovo und anderswo bringt ihn zu einer Demo. Der Trend hat andere Sorgen. Der Wunsch des Trends ist, dass Sie „in" sind. Man kann dies erreichen, indem man dem Trend folgt. Auffallen durch Anpassung, so lautet die Devise. Da wird vom Trend schon absoluter Gehorsam verlangt. Aber es gibt dafür eine Belohnung. Wenn man folgt, ist man „in" – allerdings bei Leuten, die einem eigentlich gleichgültig sind.

Sommerliches Wetter ist noch in der Stadt. Auf der Parkbank sitzt eine ältere, lesende Frau. Manchmal schaut sie um sich herum, nachdenklich. Der Zeitgeist wäre mit ihr nicht zufrieden gewesen, noch weniger der Trend. Sie aber schaut, als ob ihr das nichts mehr ausmachte. Und lächelt mit wissenden Augen.

Nun ist es schon Sonntagabend. Es ist die letzte Möglichkeit noch einen Zeitungsbeitrag zu faxen. Ach, immer dieses Aufschieben bis zum letzten Augenblick! Morgen fange ich ein neues Leben an. Aber vorläufig sitze ich noch in der Tinte. Was kann einem im letzten Augenblick schon einfallen?

Verzweifelt greife ich zum Telefonbuch. Auf den ersten Seiten dieses umfangreichen Werkes unbekannter Autoren findet man Tonbanddienste, die Rat und Hilfe versprechen. Zum Beispiel: Ein Tonbanddienst, der sich Ideen-Telefon nennt. Für gute Einfälle und Vorschläge erklärt diese Nummer sich zuständig. Sie hält allerdings nicht, was sie verspricht. Sie sucht Leute, die für einen deutschen Naturschutzverein Mitglieder werben wollen. Irgendwo soll man sich zu einer bestimmten Zeit melden. Bitte pünktlich!, fügt die Stimme etwas bissig hinzu.

Nun, da wurde ich, der unpünktliche Arbeiter des letzten Augenblicks wohl durchschaut. Heute ist nicht mein Tag. Missmutig höre ich ein anderes Band mit meinem Horoskop. Tatsächlich. Ich bin selbst schuld, sagt das Horoskop. Wenn Sie noch lange so lässig weitermachen, kommen Sie in Schwierigkeiten! Ach, wie das zutrifft! Ein finanzieller Engpass als Folge wird vorausgesagt. So wähle ich nicht einmal mehr die „Abrufnummer für Diamantenpreise“, sondern „Heiteres österreichischer Autoren“. Allerdings findet die ersehnte Heiterkeit nicht statt. Dafür gibt es dieselbe Werbung um Mitarbeiter, allerdings nun per Du, in lockerem Ikea-Tonfall. Tschüss, mach’ es gut!, sagt das Tonband. Was dann im letzten Augenblick doch der Fall war.

Ein neues Jahr hat angefangen. Was darf man Ihnen wünschen? Zur Jahreszeit nicht unpassend scheint mir: etwas Gold. Myrre dazu. Und Weihrauch. Gold, das ist der Glanz des Lebens auch im Alltag. Myrre, ein Harz der balsamartigen Myrrenbäume, ein Trost gegen die Verletzungen des Daseins. Aber Weihrauch? Weihrauch hat bei vielen Menschen keinen guten Ruf. Leute, die sonst alles Mögliche an Gerüchen aushalten, von den Gerüchen der Pizzeria bis zu Chanel 5, fangen beim Anblick eines Weihrauchfasses sofort zu hüsteln an. Wobei ich denke, dass vor allem die Erinnerung an eine superkatholische Erziehung den Hustenreiz verursacht.

Warum möchte ich Sie dann doch zum Jahresanfang mit Weihrauchwolken umgeben? Weihrauch ehrt das Geheimnis, das jeder Mensch darstellt. Oft meinen wir, dass das Geheimnis unseres Lebens jene harmlosen Daten sind, die wir unbedingt geschützt wissen wollen. Das eigentliche Geheimnis eines Menschen geht viel tiefer. Es ist nicht computermäßig zu erfassen. Es umgibt ihn, verschwommen wie eine Weihrauchwolke: Eine Sehnsucht der Seele, die emporsteigen will. So wünsche ich ein gutes Jahr voller Gold, Myrre und Weihrauch.

Die Aufstiegsmöglichkeiten innerhalb eines Ordens sind gering. Das ist recht angenehm. Wenn schon jemand „etwas wird", Prior eines Ordenshauses zum Beispiel, so ist das fast immer ein Posten auf Zeit. Nach vier Jahren kann schon ein anderer die Funktion haben. Darum imponiert ein solcher Aufstieg die Mitbrüder kaum. Richtiges Karrieredenken ist im Orden selten vorhanden.

Ich hatte im Rahmen meines Ordens nur einmal einen bescheidenen Posten. Ich war „Depositarius" – was Sie wohl nicht vom Hocker reißt! Man muss sich ins Mittelalter zurückdenken, wo das Geld in einer Truhe aufbewahrt wurde. Von dieser Truhe hatte der Prior einen Schlüssel, ein Ökonom den zweiten. Und einen dritten: der Depositarius, der Aufbewahrer. Nur zu dritt konnten sie Geld herausnehmen. Man hatte wohl seine Erfahrung mit der Schwäche der menschlichen Natur.

Die Zeiten änderten sich, das Geld wurde schon längst auf die Bank gebracht, aber ein Depositarius musste noch immer bei jedem Kapitel ernannt werden. Die Kirche führt bekanntlich eine Erneuerung nicht überstürzt durch.

Dieser Depositarius der Neuzeit hatte nicht viel zu tun. Eigentlich gar nichts. Aber ich denke, ich habe den Job schlecht gemacht. Denn vier Jahre später wurde mir die Funktion wieder weggenommen. Dabei bin ich für den Posten eigentlich sehr geeignet. Ich bin der geborene Aufbewahrer. Am liebsten würde ich jede Ansichtskarte, jeden herzlichen Feriengruß aufbewahren. Heimlich träume ich von einer Karriere als Depositarius auf Lebenszeit, als Hüter eines Privatarchives, wo alle Grüße und guten Begegnungen des Lebens aufbewahrt sind. Dort sitze ich vor der Truhe mit dem dritten Schlüssel.

„Ein Oldie!“, so lautete der Nachruf eines Jugendlichen, als ich aus der Kirche durch das Wiener „Bermudadreieck“ ging. Das gab mir schon einen Stich. Aber dann, mit einem Versuch zum positiven Denken, kam der Trost: „Wenigstens nicht ‚Auslaufmodell‘ hat er gesagt!“ Und noch positiver kam es, als ich bedachte, dass wohl das altmodische Tonbandgerät, das ich mitschleppte, gemeint sein könnte.

Leider hält oft das Positive in unserer Welt nicht sehr lange. Einige Straßen weiter veranstaltete eine junge Dame eine Meinungsumfrage. Ob ich mit den Geschäften in der Straße zufrieden sei? Vielleicht andere Geschäfte? Oder dieselben Geschäfte mit anderen Angeboten? Zum Schluss gehörte es zu ihrer Aufgabe, mich nach Alter und Beruf einzustufen. Altersmäßig kommt nach „älter als 55“ nichts mehr. Berufsmäßig wusste die Marktforscherin ohne Zögern, wo ich hingehöre. „Sie sind wohl Pensionist!“, stellte die Forscherin zusätzlich fest.

Ja, ein Oldie ist man geworden. Eher erstaunt als erbittert erfährt man das. Vor allem gelassen weiß man: Die Zeit ist vergangen. „Hörst du nicht, wie die Zeit vergeht?“, heißt es in einem Lied von Hubert von Goisern: „Gestern no' ham d' Leut ganz anders g'redt. Die Jungen san alt wordn und die Altn san g'storben. Heast as nit, wia die Zeit vergeht?“

Besonders dieses Hören, wie die Zeit vergeht, ist mir vertraut. Es sind nicht nur die Bilder der Straße, die Bilder der Mode usw. anders geworden. Auch die Geräusche haben sich verändert. Die Geräusche des Fischerdorfes am Meer, wo wir so manchen Sommer waren. Die Geräusche der Stille der Abende dort. Die Geräusche der Nordsee und der Pferde aus dem Stall. Der Ruf des Dorfrufers, der bekannt gab, wo man an diesem Tag frischen Fisch kaufen könne. Der Ruf des Milchmannes, des Alteisensammlers ... Diese Rufe hört man nicht mehr.

Hörst du nicht, wie die Zeit vergeht? Auch viele vertraute Menschen sind verschwunden. Die Alten sind gestorben. Und wo ist auch der Klang des ersten Grammofons geblieben, mit der immer zu wechselnden Nadel auf der zerbrechlichen Schallplatte? Wo die Donnerpredigt des Pfarrers?

Ein Oldie ist man geworden, aber einer mit einer schönen Phonothek gesammelter Klänge.

Eine neue Haarmode ist im Anmarsch: die der etwas langen, stark eingefetteten und an den Kopf angeklebten Haare. So entsteht jener Typ junger Männer, der dem geübten Krimifilmbetrachter bis jetzt ausschließlich als Mafia-Typ bekannt war.

Eigentlich ist diese Haarmode nicht so neu. In meiner Jugend, als Jungsein noch keine Tugend war, war es üblich, sich die Haare mit Brillantine einzuschmieren. Ob die Fünfzehnjährigen heute das Wort überhaupt noch kennen? Denn die Erfindung des Haarföhns ließ dann völlig andere, weniger glatte Frisuren Mode werden. Und nun sind wir wieder da, wo wir schon einmal waren.

Besonders im Bereich der Mode bewahrt man seine alten Klamotten am besten auf. Es kommt alles wieder einmal an die Reihe. Jeder, der ein für alle Mal die Hosenträger aus seiner Garderobe entfernt hatte, erlebte mit Staunen die Rückkehr dieser Hosenträger bei der Jugend. Und so weiter.

Manches allerdings scheint für immer verschwunden. Den Vater, der hinter seinem Kind beim Fahrradunterricht herrennt, gibt es nicht mehr. Das Kind, das eine Kanne Milch behutsam nach Hause trägt, ist aus dem Straßenbild verschwunden. Wo einst die Fischersfrauen in Zandvoort an der Nordsee Netze flochten, gibt es nun ein chinesisches Restaurant.

So vieles ist vergangen. Aber die Brillantine, die ist nun wieder da …

Ausflüge in die Vergangenheit, kleine Zeitreisen also, sind nicht immer erfreulich. Ich besuchte die Pfarrkirche meiner Jugend. In Haarlem. Diese Kirche war damals der heiligen Lidwina gewidmet. Die heilige Lidwina ist eine niederländische Heilige. Als junges Mädchen hatte sie beim Eislaufen einen Unfall. Sie brach sich das Hüftgelenk und war lebenslänglich krank, bettlägerig. Sie wurde eine Heilige. Bekannterweise ist Wintersport nicht immer ein Weg zur Heiligkeit. Bei Lidwina aber war dem so. Ich fand sie sympathisch, dieses holländische Mädchen. Diese Sympathie wurde durch die Aufführung eines Mysterienspiels über die Heilige bestätigt. „Der himmlische Zankapfel“, hieß es. Als 12-Jährigen berührte es mich zutiefst, wie der Chor der Freundinnen rief: „Lidewijde, kommst du Schlittschuh laufen?“ Und darauf Lidwina: „Ich bin ein Kind von Holland und bin stolz! Bindet mir noch einmal die blanken Eisen an!“

Nun ist die Kirche umgewidmet, dem heiligen Adelbert. Warum eigentlich? Alles in der Kirche, die Fenster, die Gemälde sprechen noch von Lidwina. Aber der Name selbst ist weg.

Eine Vergangenheitsreise kann traurig machen. Die Dinge werden anders, aber nicht immer besser. Allerdings wurde aus dem ehemaligen Folterzimmer im Amsterdamer Palast nun eine Personalkantine. Das ist doch eine Verbesserung und irgendwie ein Trost.

Nun habe ich auf unbeschwerte Art den 65. Geburtstag gefeiert. An solchen Tagen erfährt man die Verbundenheit vieler Menschen. Es ist ein richtiges „Hoch“, wie die Wettervorhersagen mit ihren ewigen Wolkenkarten dies nennen. Allerdings folgt dann auf der Stimmungskarte des eigenen Lebens schon ein Tief. Zum Beispiel der Ankauf von Seniorenfahrscheinen der Wiener Straßenbahn. Dennoch hat man das zu tun.

Gerade als Senior, so erklärt eine Broschüre der Wiener Stadtwerke, hat man über die Wichtigkeit der Straßenbahn Bescheid zu wissen. „Besonders für ältere Menschen, die auf eine lange Lebenserfahrung zurückblicken können und dabei entsprechende Vergleichsmöglichkeiten haben, ist es schon längst klar.“ Sicher, dieser Lebenserfahrene ist schon viel mit der Straßenbahn herumgefahren. Aber er spielt doch mit dem Gedanken, auch weiterhin mit einer „normalen“ Karte zu fahren. Es ist ein innerer Kampf zwischen Eitelkeit und Geldgier. Bei einem Holländer gewinnt dann doch immer die Sparsamkeit. Einen Augenblick überlegt er sich noch, ob er in der Trafik nicht erklären sollte: „Es ist nicht für mich“. Aber dann mahnen ihn das Gewissen und die Erinnerung an strenge Worte des Vaters, als er sich einmal als Jugendlicher in einen Film „über 18 Jahre“ hineingeschmuggelt hatte.

Psychotests stellen Fragen, mit denen man der eigenen Seele auf die Schliche kommen kann. Nun habe ich bei der überflüssigen Lektüre eines solchen Tests etwas dermaßen Verblüffendes erfahren, dass ich mich nicht zurückhalten kann, darüber zu berichten. Was ist los? Es ist die Seele zu untersuchen mit der Frage: „Wollen Sie die Welt erobern?“ Bei Testfrage neun wird man nach der Altersgruppe gefragt. Nun, da gibt es für einen Menschen vier Möglichkeiten. Die letzte Möglichkeit ist: älter als 50 Jahre. Wenn das auf Sie zutrifft, bekommen Sie keine Punkte. Wenn Sie dann bei anderen Fragen genauso schlecht abschneiden, wenn Sie z. B. ein Harmoniebedürfnis haben und (so wie ich) dazu neigen, Dinge aufzuschieben, landen Sie in der letzten Kategorie. „Sie wollen nicht die Welt erobern. Suchen stattdessen nach zurückgezogener Geborgenheit, nach einem Ort, an dem Sie niemand stören kann, an dem man Sie in Ruhe läßt.“ Mich stört an diesem Test nicht, dass ich ein hoffnungsloser Fall bin. Einer, der die Welt nicht erobern will. Auch in jüngeren Jahren ist mir eine solche Aufgabe für eine Einzelperson immer übertrieben vorgekommen. Sogar verdächtig. Leute, die es versucht haben, waren mir nie sympathisch. Hitler, Napoleon und so. Aber es wird wohl der Tag kommen, an dem der, der die Welt nicht erobert hat, sie weiter betrachtet, diese Welt. Mit Geduld. Mit Zufriedenheit. Ohne Habgier.

„Bei Patienten in fortgeschrittenem Alter (über 60 Jahre) ist vorsichtig zu dosieren." Das las ich auf der Beipackung eines Medikaments. Nicht ohne Erschrecken, da ich über 60 Jahre bin, aber mich nicht in fortgeschrittenem Alter ahnte. Schon mehrere Jahre meinte ich, dass das Alter erst nächstes Jahr anfange.

Das war also die schlechte Nachricht der vergangenen Woche. Die gute Nachricht kam von einem Psychologen, der es gut mit der Menschheit meint. In einem Aufsatz gab er bekannt, dass sich der Mensch bis ins hohe Alter ändern kann. Nun, da die fortgeschrittene Zeit drängte, beschloss ich, sofort mit einem besseren Charakter anzufangen. Oder wenigstens am nächsten Tag. Nicht mehr so aggressiv und beleidigt.

Schon beim Frühstück, beim täglichen Kampf um die Zeitungen, bot ich freiwillig einem Kollegen meine Zeitung an. „Ist dir nicht gut?", war die erstaunte Antwort. Auf dem Weg in die Arbeit mahnte mich ein Polizist, nicht beim roten Licht die Straße zu überqueren. Die aufsteigende Aggressivität bezwang ich. „Recht so, braver Mann!", sagte ich zum Polizisten. „Tun Sie Ihre Pflicht. Wenn Sie am Abend auf den heutigen Tag zurückblicken, können Sie sich mit Ihrem Gewissen im Reinen wissen und ..." – „Wollen Sie mich pflanzen?", fragte der Polizist und schickte sich zur Amtshandlung an. Ja, im fortgeschrittenen Alter einen neuen Charakter anfangen ist wohl doch nicht so leicht. Wahrscheinlich muss man auch hier vorsichtig dosieren.

Mein Onkel Johann war ein Mensch, der meiner Familie in beharrlicher Treue zugetan war. In dem Hungerwinter des letzten Kriegsjahres legte er lange, kalte Fahrradwege zurück, um uns ein paar Flaschen Milch zu besorgen. Und auch später vergaß er nie einen Geburtstag. Obwohl er eher ein schweigsamer Mensch war, brachte er in diese Familienfeiern fixe Gesprächseinlagen. Dazu gehörte ein Gespräch mit meinem Vater über Steuerfragen. Und uns, den Kindern, erzählte er eine Reihe von zehn Witzen. Ich glaube, er änderte nicht einmal die Reihenfolge. Die Witze waren nicht besonders witzig. Einer dieser Witze betraf die bekannte Amsterdamer Buchhandlung „de Slegte“. De Slegte war und ist heute noch bekannt durch seine Billigangebote von neuen Büchern im Ausverkauf. Der Witz von Onkel Johann lautete: „Die besten Bücher kauft man bei dem Schlechten.“ Einmal erstaunte er uns, indem er einen elften Witz erzählte. Dieser war nicht besser als die zehn anderen. Aber er war neu, und das war ein Familienereignis, von dem heute noch die Rede ist: „Onkel Johann hat einen neuen Witz erzählt!“

Nun ist er schon längere Zeit verstorben. Aber ich denke noch oft an ihn. Ob er im Himmel den gähnenden Engeln seine Witze auch erzählt? Wohl eher hat er dort Neues zum Lachen entdeckt.

Am Graben in Wien spielte ein einsamer Saxofonist. Die Klage seiner Musik macht den frühen Abend einsamer, den Herbst spürbarer. Die Töne der Musik vermischten sich mit dem Herbstnebel und verlangten so Einlass in die Herzen der Menschen. Aber niemand hörte zu.

Nur ein Junge stand da, ein zwölfjähriger, der mit offenen Ohren und offenem Herzen lauschte. Er allein. Er hörte lange zu. Dann gab er in den Hut des Spielers ein Geldstück. Er tat das mit einer Gebärde der Ehrfurcht und verschwand in den Herbst. Unter allen Unaufmerksamen war er ein Wachender. Unter den Fensterguckern ein Augenzeuge. Im dumpfen Geräusch der Stadt ein Hellhöriger. Ein Wachsamer.

Ein Wachsamer ist ein Hellhöriger, ein Sehender, ein Augenzeuge. So wird er zum Wächter: zu einem, der auf Bedrohliches aufmerksam macht. Aber auch zeigt, wo Zukunft geboren wird und Gutes wächst.

Jede Zeit hat ihre eigenen gefährlichen Fallen. Eine solche Bedrohung in unserer Zeit ist wohl die Schläfrigkeit. Sie ist eine Falle.

Keine Zeit vor uns hat es gegeben, wo man so viel sehen konnte. Werbung und Fernsehen beanspruchen fortwährend unseren Blick. Darum sind unsere Augen manchmal müde geworden. Wir können nicht mehr so gut unterscheiden, was wirklich sehenswert ist. Die Wahrnehmung ist uns abhanden gekommen: die Unterscheidung zwischen dem, was wahrzunehmen ist, und dem, wo wir umschmeichelt werden.

Ein wenig schwerhörig sind wir auch geworden. Wo wir tagtäglich durch Lautverstärker angebrüllt werden, ist die Zimmerlautstärke uns zu leise geworden, verstehen wir nicht mehr die Sprache hinter der Sprache, nicht mehr die Stimme des Schweigens. Eine dritte Lautverschiebung hat stattgefunden. Geräusche vernehmen wir, aber nicht mehr die innere Gestalt der Worte. Die Sprache hinter den Geräuschen verschlafen wir.

Es sind die hellhörigen und wachsamen Wächter, die uns immer wieder aus dem Schlaf aufwecken …

Und der Knabe am Graben, der Lauschende? Das Herz ist zu erheben mit der Bitte, dass er lebenslänglich ein solcher Wachsamer bleiben und er für viele ein Wächter sein werde. Denn von solchen Menschen kommt die Rettung der Zukunft.

Unsere großen Lebensentwürfe werden oft von Banalitäten des Alltags behindert. Zum Beispiel vom Annähen eines Knopfes. Es gab Zeiten, da musste ich mich um solche Lappalien nicht kümmern. Abgerissene Knöpfe wuchsen nach. Diese Zeiten sind vorbei. Selbst hat man für den Knopfnachwuchs zu sorgen. Aber wie? Eine Frau darf man darum nicht bitten. Das würde der modernen Auffassung über die Rolle der Frau in der Gesellschaft widersprechen. Einen Mann darum zu bitten wage ich gleichfalls nicht. Also muss man das Problem selbst lösen. Und so begibt man sich auf den Weg, einen Knopf, Nadel und Faden zu kaufen. Aber wo kauft man solche Sachen? Es gibt tolle Geschäfte für Fernsehgeräte, Mode, Spezialitäten. Aber Knöpfe?

Dann und wann gibt es wieder bessere Zeiten. Dann hat man wirklich mit großen Perspektiven des Lebens zu tun. Eine Konferenz über Europa im Jahr 2000. Ein Vortrag über die Kirche der Zukunft. Oder schlicht: Wie morgen leben? Ha, das sind erhebende Augenblicke. Allerdings sind diese Perspektiven nicht immer erfreulich. Manchmal sind sie, je nach Referenten, ausgesprochen düster. Aber immerhin: Die kleinen Lappalien des Alltags spielen hier keine Rolle. Solche kleinbürgerlichen Probleme wie das Annähen eines Knopfes sind zu vergessen. Misstrauisch denke ich aber: Wird das Europa der Zukunft nicht auch das Europa der gewöhnlichen Leute mit ihren kleinen Sorgen sein? Wer wird ihre Knöpfe annähen?

Jesus spricht oft von kleinen Sorgen gewöhnlicher Leute. Er gibt diesen aber eine große Perspektive. Eine Frau, die ihr Geldstück verloren hat und sucht: das erinnert ihn an das Suchen des Menschen überhaupt. Und an die Freude des Findens. Und wie sie die Sorge alleine durchhalten muss. Die Freude aber teilt sie.

Manchmal bringt das Leben einem eine Anerkennung, die man sich gar nicht verdient hat. So hält irgendeiner, den ich gar nicht so gut kenne – vielleicht gerade deswegen –, mich für einen Propheten. Das entspricht nicht den Tatsachen. Aber der Irrtum gefällt mir schon: ein Prophet zu sein. Wenigstens ein kleiner. Einer für den Hausgebrauch. Allerdings gibt es nur einen, der mich als solchen betrachtet. Einer reicht auch. Denn diese Prophetenrolle bringt eine beachtliche Reihe Probleme mit sich. Weswegen ich diesem Menschen eher aus dem Weg gehe. Denn er erwartet schon jedes Mal ein bedeutungsvolles, richtungsweisendes Wort von mir. Da mir oft auch nicht mehr einfällt als die Banalitäten des Alltags, gibt er diesen Lappalien eine tiefere Bedeutung. „Schönes Wetter!“, sage ich, und schon meint jener Jünger, dass ich eine hoffnungsvolle Verheißung für die Zukunft der Welt ausspreche. „Wie geht es Ihnen?“, fragte ich. Er wurde blass, weil er glaubte, dass ich ihn zu einer Gewissenserforschung nach verborgenen, von mir durchschauten Sünden anleiten wollte.

Ja, ein Prophet, auch ein kleiner, hat schon eine große Verantwortung.

Die Bibel erwähnt einen Typ junger Leute, den es heute nicht mehr gibt. Prophetenjünger oder -schüler werden sie genannt. Wenn man in der Bibel blättert, begegnet man oft solchen Leuten. Ein Prophet, Amos, entschuldigt sich sogar, dass er diese Ausbildung nicht habe: „Ich bin kein Prophetenschüler. Ich bin Viehzüchter, und ich ziehe Maulbeerfeigen." Nun, allein die Möglichkeit Prophetenschüler zu sein gibt es heute nicht mehr. Für einen, der Prophet werden möchte, gibt es weder Fachhochschule noch Wifi-Kurs. Aber es lässt sich trotzdem fragen: Wie sollte eine solche Ausbildung ausschauen? Ein künftiger Prophet sollte lernen, Zeichen der Zeit zu verstehen. Ein Prophet hat eher die Gegenwart zu deuten als die Zukunft vorherzusagen. Das richtige Sehen und das genaue Hinhören müsste ein solcher Prophetenlehrling wieder lernen.

Manchmal denke ich mir: „Warum fehlen uns heute die Propheten und haben wir stattdessen eine Konsumentenberatung?" Vielleicht weil bei uns die Schulen des Sehens und des Hörens fehlen. Aber wer weiß? Vielleicht wird auch bei uns einer wie Amos von seiner Herde weggeholt. Vielleicht wird auch ihm, dem dazu nicht Ausgebildeten, gesagt: „Geh und rede als Prophet." Mag sein, dass irgendwo schon leise die Klänge der Zukunft zu hören sind. Ob nicht irgendwo schon ein Kind die Trompete der Zukunft übt?

Einmal sprach ich mit einem munteren Studenten, einem guten Bratschespieler, der sich mit der Möglichkeit von Zeitreisen auseinander setzte. Jenen Reisen, wo man mittels einer Zeitmaschine in die Vergangenheit reist. Man schaut sich dort ein bisschen um und lässt sich dann wieder ins Heute versetzen. Wenn alles gut geht. Aus Kinofilmen und Sciencefiction-Literatur weiß man, dass dabei einiges schief gehen kann. Auch der Student hatte so seine Befürchtungen. Was ist zum Beispiel, wenn man im Mittelalter herumspaziert, und man bekommt Zahnweh? Die mittelalterlichen Zahnärzte waren bekannterweise nicht sehr gut. Soll man sich ihren brutalen Methoden ausliefern?

Als Lösung schlug ich vor, nicht in die Vergangenheit, sondern in die Zukunft zu fahren. Vielleicht wäre das 23. Jahrhundert ganz nett. Aber auch hier sah der Student zahnärztliche Probleme. Grüblerisch meinte er, es könne so sein, dass es durch fortschrittliche, kariesvorbeugende Zahnversorgung im 23. Jahrhundert gar keine Zahnärzte mehr gebe. Was tut unsereiner dann? Ja, eine Zeitreise sollte man sich gut überlegen. Es ist wohl besser, sich auf einen Ausflug in die nächste Zukunft zu beschränken. Darum schlug ich dem ängstlichen Zeitreisenden vor, nächste Woche bei uns in der Kirche Bratsche zu spielen. Das schien mir ungefährlich. Darauf einigten wir uns.

I.

Manchmal lese ich am Abend bei McDonalds die neue Zeitung. Das erzähle ich natürlich niemandem, denn dieser Ort ist nicht sehr intellektuell oder kulturell. Etwas beschämt sitze ich dort mit der Zeitung und einer so genannten Happy McVanille oder einem Mc Country. Das letztere ist eine Semmel der dritten Art mit einem Fleischlaibchen. Dazu hat man aus einer Plastikpackung eine Substanz zu pressen, die den Geschmack von Pferden und vom Wilden Westen vermitteln sollte. Das Ambiente ist eher fad. Unsere Zeit wird von Experten als Erlebnisgesellschaft charakterisiert. Nun, viel zu erleben gibt es hier nicht. Darum wundert man sich, dass sich gerade hier so viel erlebnishungrige Jugend trifft. Außer mir und einem Mann, der wütend mit sich selbst redet und in dem ich einen verhinderten Religionsgründer vermute, ist nur Wiener Jugend hier vertreten.

Und warum ich hier sitze? Ich denke, es ist Neugierde. Unser Leben auf dieser Erde ist ein Einstieg in eine Geschichte, die schon lange vor uns angefangen hat und nach uns weitergehen wird. Aber wie? Ich bin neugierig auf die Zukunft. Ist dieser „Treff" der Nachgeborenen ein Vorzimmer der Zukunft? Wenn Zukunft so ausschauen wird, wird von unsereinem wohl nicht allzu viel versäumt.

II.

So mancher Postwurf bringt Angebote für Bedürfnisse, die man nicht hat. Heute hat die Post wieder etwas geworfen. Es ist ein 24-seitiger Katalog mit Angeboten fürs Badezimmer. Zum Beispiel: eine Nostalgie-Wannenarmatur oder eine Waschtischarmatur in der Geräuschklasse 1. Nicht erwähnt wird, ob Geräuschklasse 1 für möglichst viel oder möglichst wenig Lärm steht. Allerdings glaube ich, dass das Geräusch des Wassers im Badezimmer kaum als störend empfunden wird.

Verwirrend in diesem Katalog ist auch das Angebot eines so genannten Whirlpool. Ein Whirlpool muss eine Badewanne sein, in der eine Art Wellen im Wasser erzeugt wird, eine Nordsee im Kleinformat. Und wozu?

 „Nach einem schweren Arbeitstag helfen oft nur eine Massage oder ein heißes Bad. Warum nicht gleich beides in einem? Mit einem Whirlpool im Bad ist das kein Problem mehr." Diese Problemlösung für ein Problem, das man nicht hatte, wird in verschiedenen Farben angeboten: „bahamabeige", „bermudablau" oder „manhattan". Damit noch nicht genug! Der Luxus sei außerdem „erschwinglich". Der englische Name wurde wohl gewählt, um diesem billigen Luxus doch einen Hauch von Hollywood zu geben. Ein Modell Whirlpool heißt „Future", Zukunft. Ob Zukunft wirklich so billig käuflich ist?

## III.

Das Morgenjournal brachte im Hörfunk eine merkwürdige Nachricht. Es betraf ein wichtiges Skirennen, dessen Wichtigkeit allerdings zwischen den Nachrichten aus Tschetschenien und Bosnien sich eher dürftig ausnahm. Bei diesem Skirennen gab es ein Problem. Wochenlang war der Schnee, den man bekannterweise zum Skifahren braucht, ausgeblieben. Da der menschliche Geist bei solchen Problemen anscheinend erfinderischer ist als bei der Verhinderung von Krieg und Hunger oder bei der Hilfe für Flüchtlinge, hatte man eine technische Lösung gefunden. Die Piste – ein Wort, das an die Zirkussprache erinnert – wurde mit Kunstschnee präpariert. Dann aber war doch der echte Schnee gekommen. Nun gab es ein neues Problem: Kunstschnee und echter Schnee vertragen sich nicht. Der viele echte Neuschnee, von der Natur gratis geliefert, musste abgetragen werden – was die Firmen wohl nicht gratis gemacht haben werden.

Die Aktion bietet einen Ausblick in das kommende dritte Jahrtausend, die Welt von morgen. Es ist eine Welt vorzubereiten, in der die Technik nicht mehr von der Natur behindert wird. Zum Beispiel: den Wäldern könnte man die Waldluft nehmen und sie durch einen Tannenspray ersetzen. Am Ende könnte man sogar die Menschen beseitigen, damit sie den Robotern nicht im Weg stehen.

Amsterdam, ein Heimweh
Brixen, ein Aufenthalt
Budapest, ein Geheimnis
Löwen, ein Versäumnis
Tolentino, ein Wunder
Touristenort
Wien, ein Stadtplan

# verzeichnis

orts

Es passierte in Amsterdam, in einem alten, schönen Bilderladen. „Amsterdam, wie es einmal war", sagte ich gönnerhaft zum Besitzer, einem freundlichen älteren Herrn. Der darauf traurig meinte: „Amsterdam ist stark verludert." Worauf ich gedankenlos sagte, dass dies in meiner Geburtsstadt Haarlem nicht der Fall sei. Das ist das Zweitschlimmste, was man einem Amsterdamer sagen kann. Das Schlimmste ist natürlich, dass man den Rotterdamer Fußballverein Feyenoord für besser als den Amsterdamer Verein Ajax hält. So tief war ich nicht gesunken. Aber meine Aussage war schlimm genug, war ungefähr so, als ob einer behaupten würde, St. Pölten sei schöner als Wien.

Der ältere Herr war nicht mehr freundlich. Er schaute mich eher kämpferisch an. „Ach ja, Haarlem! Das war einmal! Schade, dass die Stadt heute so verarmt ist. Es wohnen nur noch alte Leute dort. Man sieht sie in Haarlem den ganzen Tag auf dem Großen Hauptplatz stehen. Was tun sie dort? Sie tun nichts. Sie reden nur. Sie stehen am Platz und reden. Wie in einer orientalischen Stadt."

Ich glaube zwar nicht, dass dies zutrifft. Aber meine Stadtgenossen taten mir plötzlich Leid. Ach, diese armen, hungernden, wenn auch redseligen Haarlemer ...

Ich sitze auf einer Terrasse. So fangen Ansichtskarten oft an. Ich sitze auf einer Terrasse in Amsterdam: „De Jordaan“ heißt hier das Stadtviertel. Der Name Jordaan ist irreführend. Er deutet nicht ein ehemaliges Judenviertel an, sondern hat mit dem französischen Wort „jardin“ (Garten) zu tun. Hier wohnten aus Frankreich vertriebene Hugenotten. Viele der schmalen Straßen und Grachten sind nach Blumen und Pflanzen benannt. Es war ein Gartenviertel.

Hier findet man den Amsterdamer in seiner besten Ausgabe: mit einer unkomplizierten Direktheit, manchmal auch Herzlichkeit, nie um eine Antwort verlegen und vor allem aller Großtuerei zutiefst abgeneigt. „Tue normal. Dann bist du schon verrückt genug“, lautet ein bekannter Spruch.

Auf dieser Terrasse in diesem volkstümlichen „Jordaan“ macht ein fünfzigjähriger Biertrinker sich Sorgen um die Tauben, die, wie er meint, zu wenig auf die Autos Acht geben und leicht überfahren werden.

Die unachtsamen Tauben machen ihn sichtlich nervös. Er macht sich Sorgen um sie. Und das alles, weil er einmal gesehen habe, wie ein Spatz überfahren wurde. Platt wie ein „dubbeltje“ (Münze) war der kleine Vogel dagelegen. Der Nachbar mischt sich ein, er habe in Barneveld leider ein Huhn überfahren …

Nur so, eine Terrasse im Sommer in Amsterdam. Hier geht manchmal Gott spazieren wie ein zufriedener Gärtner.

I.

Ein Kind, ein sehr phantasiereiches Kind, war in der Abenddämmerung im Garten des Hauses. Es sah die verschwommenen Umrisse der Sträucher, der Bäume des Gartens mit ihren geschwungenen Zweigen. Und der kleine Bub geht ins Haus hinein und sagt: „Vater, im Garten ist ein Elefant." Darauf meint der Vater: „Du phantasierst mal wieder! Da ist kein Elefant. Du musst lernen, deine Phantasie im Zaum zu halten. Darum, bete jetzt dein Abendgebet und bitte Gott um Verzeihung." Der Bub macht das. Nach zehn Minuten kommt der Vater zu ihm und fragt: „Hast du mit Gott darüber gesprochen?" „Ja", sagt der Bub. „Nun", fragt der Vater weiter, „was sagt der liebe Gott?" Und der Bub: „Gott sagte, er habe auch geglaubt, es sei ein Elefant."

Das ist eine liebenswürdige Geschichte, die auf theologisch unrichtige Art Richtiges aussagt. Diese theologisch unrichtige Geschichte wurde von einem bekannten Theologen, dem Dominikaner Edward Schillebeeckx, in einem Interview erzählt. Er erzählte die Geschichte als eine, die er selber mit zwölf Jahren von seinem Vater gehört habe und die dann einen großen Einfluss auf sein lebenslängliches Denken über Gott, sein Bild von Gott hatte. Gott ist ein Gott an der Seite des Menschen. Einer der mit den Menschen solidarisch ist. Das erzählt die Elefantengeschichte. - Erzählt das auch die Stadt Amsterdam? Anscheinend ist hier von Gott nicht mehr die Rede. Wohl sieht der Reisende schon bei seiner Ankunft am Hauptbahnhof ein Plakat des „Bundes gegen das Fluchen", eines Vereins, der schon seit Jahrzehnten den Missbrauch des Namens Gottes bekämpfen will. „Zug versäumt? Fluche nicht!", lautet der Spruch dieses Monats. Aber kommt Gott deswegen in dieser Stadt zur Sprache? Wird in den Städten der Welt noch von ihm erzählt ...? Und nun, in der Geschäftigkeit der Stadt, fällt auf einmal einer auf, der sich behutsam um Behinderte kümmert. In der Brutalität des Alltags leuchtet hier die Gebärde der Sorge und der Liebe. Die Kirchen werden niedergerissen, aber wird nicht trotzdem noch von Gott erzählt? Erzählt von Menschen für Menschen, die für ihn keinen Namen mehr haben? Wo die Liebe und die Güte ist, da ist Gott, heißt es in einem Lied, das am Gründonnerstag bei der Fußwaschung gesungen wird. Hier findet auf der Straße Fußwaschung statt. Ist nicht auch Gott dabei, Gott an der Seite des Menschen?

II.

Wo wohnt hier Gott in dieser Stadt? – Wer mit dieser Frage durch Amsterdam geht, findet beim ersten Gehen wohl kaum Antwort. Schon bist du ein wenig im alten Beginenhof stehen geblieben. Es ist ein Ort der Vergangenheit.

Die letzte Begine, Schwester Antonia, starb 1971 – so liest man. Und über die Begine Cornelia Arends, die 1654 starb. Sie wollte bei der Gosse des Küchenpfades beerdigt werden. Das hatte sie sich so ausgedacht als Buße für ihre Familie, die zur Reformation übergegangen war. An ihrem Sterbetag werden an diesen Ort noch immer Blumen gelegt. Das alles ist Vergangenheit. Nur die Stille des Hofes mit den Beginenhäuschen ist geblieben. Wohnt Gott noch in dieser Stille?

Schaut es nicht eher so aus, dass Amsterdam Gott nicht braucht? Alles ist vorhanden, alles ist käuflich. Die Kirchen werden kaum noch besucht... In einer engen Geschäftsstraße eines volkstümlichen Viertels fällt eine neogotische Kirche auf. Es ist eine Kirche mit zwei Riesentürmen in der Größenordnung der Wiener Votivkirche. Wer aber hineingehen will, muss erfahren, dass dieses Gebäude nicht mehr als Kirche fungiert. Es sind hier kaum noch Leute zum Gottesdienst gekommen.

Zuerst, so gibt eine Information an der Kirche bekannt, wollte man diese Kirche wegen Mangel an Interesse überhaupt abreißen und den Grund verkaufen. Dann haben die Bewohner des Viertels sich dem widersetzt. Die, die ihre Kirche nie besuchten, wurden nun für die Erhaltung des Gebäudes aktiv. Die Protestführer konnten sich durchsetzen. Das Gebäude wurde renoviert. Büros sind in die Nebenräume gekommen. Das Hauptschiff dient nun Veranstaltungen aller Art.

Das alles lässt fragen: Warum wollte man dieses Gebäude nicht verlieren? Wollte man nur das Stadtbild retten? Oder war doch auch eine verdrängte Sehnsucht der Seelen hier mit im Spiel? Diese widersprüchliche Stadt Amsterdam!

An einem Nachmittag in einem Kaffehaus mit weitem Blick auf den Amstelfluss: Ein „pastor“ erzählt über Gott in dieser Stadt. Seine Worte haben die Weite dieses Flusses. Er hatte in den letzten Monaten öfters eine aidskranke Frau in der letzten Phase ihres Lebens besucht. Es war eine Frau, die so ungefähr alles erlitten hatte, was einem Menschen widerfahren kann. Nichts wurde ausgelassen.

Fast am letzten Tag ihres Lebens bat sie um die Taufe und die Kommunion. Ohne Groll verabschiedete sie sich von ihrem irdischen Leben. Zu ihrer Beerdigung hatten sich Menschen zusammengefunden, die eher dem vulgären Alltag dieser Stadt nahe standen. Tiefes Nachdenken über Gott kam ihnen kaum in den Sinn. Einer aus dieser Gruppe hatte eine durchlöcherte Schuhschachtel unter dem Arm. Bei der Beerdigung ließ er aus dieser Schachtel eine Taube frei. Der befreite Vogel flog sofort ins Weite. Jeder auf dem Friedhof verstand diese wortlose Gebärde der Hoffnung.

Es war eine sprachlose, ortlose Hoffnung, stärker als der Tod. Sie wird nicht umsonst gewesen sein. Er, der Ewige, wird auch dieser Seele, diesem kleinen, befreiten Vogel mit dem bebenden Herzen, Zuflucht geschenkt und auch ihr seinen vergessenen Namen zugeflüstert haben: Ich werde da sein.

Jeder Kilometer weiter von zu Hause weg nimmt dir auch eine Sorge ab. Was hast du vor dem Urlaub noch alles erledigen wollen! Noch jenen Schrank zusammenräumen, verschiedene Telefongespräche führen, einige Briefe wären noch unbedingt zu schreiben gewesen. „Nur mit leerem Schreibtisch“, hat man dir gesagt, „kannst du unbeschwert in den wohlverdienten Urlaub fahren.“ Dann wurde es dir klar, dass du das alles nicht mehr schaffst. Alles landete in einer Mappe mit der Aufschrift „Nach dem Urlaub erledigen“, und du bist mit schlechtem Gewissen dann endlich losgefahren.

Und siehe da! All dieses Unerledigte fängt an, dich immer weniger zu belasten. Leichtsinn steigt auf. Die Sorgen verlieren ihr Gewicht, das Leben scheint leicht, so am Domplatz in Brixen. Südländisch halt, denkst du. Eben. Sogar die Tauben hier sind nicht so fett und schwerfällig wie die Tauben am Domplatz in Wien.

Aus dem Dom kommen deutsche Mittelschüler. Einem ungefähr Sechzehnjährigen hat der Kirchenbesuch sichtlich nicht besonders gefallen. „Nie wieder gehe ich in eine Kirche, nicht einmal bei meiner Beerdigung“, erklärt er seiner Freundin, die ihn bewundernd anschaut. Und du fühlst dich verständnisvoll wie sonst nie und wünschst ihm bis zu dieser Beerdigung noch ein langes Leben, damit er Zeit hat, seine Ansicht zu überdenken.

In Brixen bezaubert immer wieder die anspruchslose Liebenswürdigkeit dieses Südtiroler Städtchens. Eine private Testfrage an solchen Orten ist für mich die Frage: „Möchte ich hier Pfarrer sein?" Nicht jeder Ort besteht diese Frage. Es gibt so manchen Ort, an dem man sich denkt: „Jetzt ist es hier ja sehr schön, bunt und lebendig. Aber wird es am Montagvormittag, dem 11. November, auch so sein?" – Brixen kann man sich denken zu jeder Jahreszeit.

Zu dieser Testfrage gibt es auch noch eine Zusatzfrage. Es ist die Frage eines Kollegen. Er fragt sich an fremden Orten oft: „Was würde ich als Pfarrer hier als Erstes tun?" So phantasierte er in einem öden Neubauviertel bei einer hässlichen Kirche, wie er dort als neuer Pfarrer am Kirchplatz einen Springbrunnen errichten würde. Ein paar Bänke dazu, auch ein paar Bäume. Der Kirchplatz könnte auf diese Weise zu einem Ort der Begegnung werden. Was würde ich in Brixen tun? Ich fürchte, ich würde den lieben langen Tag gar nichts tun. Ich würde den ganzen Tag nur herumspazieren und unter den Arkaden Kaffee trinken. Sonst nichts. So ist es wohl besser, dass ich mich um eine Anstellung in Brixen nicht bewerbe.

## Budapest, ein Geheimnis

Auf dem Anrufbeantworter war ein Anruf aufgezeichnet, der weder nach Stimme noch nach Inhalt einzuordnen war. Der Anruf lautete: „Ich bin unterwegs nach Budapest. Ich melde mich Montag." Zuerst denkt man: „Hier hat sich einer geirrt. Hier ist der richtige Anruf an den falschen Beantworter geraten."

Dann fängt man zu grübeln an. Der Anruf hört sich schon geheimnisvoll an. Budapest: Das erinnert doch an Ostmafia und so. Oder geht es hier um die verschlüsselte Botschaft eines Geheimdienstes? Einer jener ungeklärten Fälle des FBI, die es – wenn ich das Fernsehprogramm richtig lese – jede Menge geben muss. Besonders mit Außerirdischen hat das FBI die Hände voll zu tun. Vielleicht ist Montag ein außerirdischer Besuch zu erwarten? Ich fange schon an, das Zimmer ein wenig aufzuräumen, damit unsere Erde im Kosmos einen nicht allzu schlechten Ruf bekommt.

Aber vielleicht ist doch alles anders als man denkt. Vielleicht hat einfach ein suchender Mensch angerufen. Einer auf der Suche nach einem Lebenssinn: „Ich bin auf dem Weg nach Budapest." Sind wir nicht alle auf einem Weg nach Budapest? Irgendwie sozusagen? Die Wahrheit über diesen Telefonanruf werde ich wohl nie erfahren. Ja, so hat jeder sein eigenes Mayerling.

Mayerling: Ort des ungeklärten Dramas des Kronprinzen Rudolf von Habsburg (1858–1889).

Ich war noch nie in meinem Leben bei einem Kongress, einem echten. Natürlich, bei Studientagungen, Besinnungstagen, Sommerseminaren schon – jede Menge. Zu solchen Veranstaltungen bin ich aber immer ziemlich halbherzig hingefahren. Sicher, man hört beeindruckende Vorträge und lernt interessante Leute kennen, aber immer diese Spiele zum Kennenlernen am Anfang! Und immer diese Arbeitskreise! Aber das waren natürlich keine Kongresse. Das war alles nicht so, wie man es in Wien beobachten kann: Ärztekongress, Pharmazeutenkongress, Programmiererkongress. Die Leute schauen alle ziemlich ähnlich aus, tragen auch bei großer Hitze Sonntagskleidung und ein großes Namensschild. Und in der Mittagspause – bis zwei Uhr – dürfen sie sich die Stadt anschauen.

Die einzige Möglichkeit, einen Kongress zu besuchen, habe ich buchstäblich versäumt. Ein Professor hatte uns, einigen Germanistikstudenten, die Möglichkeit verschafft, am Philologenkongress in Löwen (Belgien) teilzunehmen. Natürlich zog uns nicht die zweite Lautverschiebung oder das Schuldproblem bei Hartmann von Aue dorthin. Uns zog vielmehr die Aussicht auf die uns fremde Stadt, die wir dann auch autostoppend zu erreichen versuchten. Die flämischen Städte faszinierten uns, Brugge zum Beispiel, eine Art Salzburg auf gotisch. Überall blieben wir ziemlich lange und schauten und bestaunten und wanderten durch die Gassen und Straßen. So erreichten wir den Kongress gerade in dem Augenblick, als die anderen Teilnehmer wieder ihre Heimreise antraten.

Ob ich je im Leben einen wirklichen Kongress besuchen darf? Die zweite Chance, sozusagen? Wahrscheinlich ist die Strafe für den damaligen Leichtsinn noch nicht verbüßt. Das strafende Fegefeuer des Wartens ist noch nicht vorbei.

Tolentino ist eine italienische Kleinstadt irgendwo zwischen Ancona und Assisi. Es ist sehr schön hier durch die alten verwinkelten Gassen zu gehen oder im mittelalterlichen Kreuzgang des Augustinerklosters zu sitzen. Wie immer kommt einem das Leben in Italien leichter vor als in kälteren, nördlicheren Gegenden. Die Vögel singen hier nicht vom Blatt. Die Menschen sind ohne Eile. Die Gebete steigen leichter empor. Denn hier ist der Himmel der Erde näher. Kein Wunder, dass hier so viele Heilige gelebt haben. Auch in Tolentino. Hier wirkte der heilige Nikolaus von Tolentino (ein anderer Nikolaus als unser Nikolo). Bei dem Heiligsprechungsprozess dieses Nikolaus von Tolentino im Jahre 1325 wurden 301 Wundertaten bestätigt, so lese ich. Schön finde ich die Zahl 301. Ein Wunder über die runde Zahl hinaus. Ich kann mir denken, dass Gott ihm nach dem 300. Wunder gesagt habe: „Nun lass es sein, Nikolaus. 300 ist eine gute Zahl." Das hat der Heilige eingesehen. Aber dann wurde er wieder mit einer menschlichen Not konfrontiert. Und so bat er Gott um dieses eine Wunder mehr, das 301. Wunder. Dieses 301. Wunder, dieses irreguläre Wunder ist wohl auch Hoffnung für alle, die meinen, für ein Wunder nicht vorgemerkt zu sein.

Dabei war es ein Wunder einer banalen Alltäglichkeit. Es betraf einen stotternden Rechtsanwalt. Stottern ist nicht einmal eine richtige Krankheit, keine eiternden Wunden und so. Stottern ist nur lästig, besonders für einen Rechtsanwalt. Und Nikolaus half ihm in seiner alltäglichen Sorge. Gerade dieses Wunder über die Wunder hinaus, dieses Wunder im letzten Augenblick, oder schon nach der Sperrstunde, gab ihm dann noch eine zweite neue Würde. Der heilige Nikolaus von Tolentino wurde Patron aller Logopäden: jener Menschen, die andere aus ihrer Sprachnot befreien.

Es war in einem Kärntner Touristenort. An einem sommerlichen Vormittag, halb elf. Ich saß auf einer Terrasse und trank einen Kaffee. Ich tat das, weil dieses Kaffeetrinken um halb elf zum niederländischen Brauchtum gehört – in jedem Büro, in jedem Haushalt. Ich wusste schon, was kommen würde, und so kam es dann auch: In kürzester Zeit war die Kaffeehausterrasse mit kaffeetrinkenden Niederländern besetzt. Hier in diesem österreichischen Ort hört man nur noch den niederländischen Sound. Pflichtbewusst tranken meine Landsleute ihren Kaffee. Mit einer Ausnahme. Einer wollte ein Bier. Seine Frau war entsetzt: Bier zu dieser Tageszeit? Der Ausgeflippte verteidigte sich schwach: „So heiß – es kennt uns hier doch niemand." Aber der Biertrinker wurde als Überläufer, als Landesverräter geächtet. Warum sollte das Leben in Kärnten um halb elf vormittags anders sein als das Leben in der Kinkerstraat in Amsterdam zur selben Zeit?

Ein vielgehörtes Argument gegen den EU-Beitritt war: Sorge um den Verlust der österreichischen Identität. Die Niederlande gehörten von Anfang an dieser Gemeinschaft an. Nun, wir haben unsere Identität nicht verloren. Eher haben wir zu viel davon.

In jenem Touristenort hatte ich einen unerwarteten Zugang zur Kärntner Rafting-Szene. Sie wissen: Rafting, jene Sportart, wo man mit Booten einen wilden Fluss herunterpaddelt. Abenteuerlich und nicht ungefährlich. Nun, als ich den wilden Fluss und die eher leichten Boote sah, die spezielle Bekleidung dazu, wusste ich schon gleich, dass Rafting nicht ganz zu mir passen würde. Die freundlichen Raftingleute versuchten mich mit dem Hinweis auf erfolgreiche, hochbetagte Raftingfahrer zu überreden. Aber ich widersetzte mich standhaft mit der Entschlossenheit des Feigen.

So wurde mir eine zweifache Funktion an Land zugeteilt. Die zweite Funktion war: das Entzünden des Feuers für das anschließende Grillfest. Vom Anzünden der Kirchenkerzen her recht geübt, gelang mir diese Aufgabe sehr gut. Schwieriger war die erste Funktion. Die Aufgabe war: von einer Brücke den Leuten im Boot zuzuwinken. Hier versagte ich. Ich war zu spät und konnte nur Weiterfahrenden nachwinken.

Ja, gefährliche Abenteuer sind mir im Leben nicht gegeben. Mir bleibt nur: den Abenteurern des Lebens hinter ihren Rücken nachzuwinken. Nun bin ich wieder zurück in Wien. „Und was hast du in Kärnten gemacht?", fragen die Freunde. „Ach", sage ich locker. „Nichts Weltbewegendes. Nur ein bisschen Rafting und so."

Ein Thema, das schon lange auf eine eingehende Erörterung wartet, lautet: krümlige Kartoffel. Denn die krümlige Kartoffel ist Grund vieler österreichisch-niederländischer Missverständnisse. Zunächst gibt es jenes niederländische Vorurteil, dass in Österreich statt Kartoffeln ausschließlich Knödel gegessen werden. Schon das Wort Knödel ist der sonst nicht so empfindsamen niederländischen Seele zuwider. Knödel sind für den Niederländer etwas Abartiges, ein perverser Kartoffelersatz. Was diesem, sich sonst wegen seiner weltoffenen Haltung rühmenden Niederländer weiters zuwider ist, ist die Art wie in Österreich Kartoffeln behandelt werden. In seiner Heimat gießt man, wenn die Kartoffeln fertig gekocht sind, das Wasser ab und lässt sie noch einige Minuten dampfen. Das gibt zwar einige Probleme beim Geschirrspülen, aber so entsteht die so genannte „krümlige Kartoffel". Die vermisst er in Österreich. Auf jedem Diaabend in Holland „Unsere Ferien in Österreich" kommt sicher der vorwurfsvolle Satz: „Eine krümlige Kartoffel – das kennen die nicht." Meine niederländischen Landsleute werden gelegentlich belächelt, weil sie in ihren Wohnwagen alles von zu Hause mitschleppen. Sie gelten deswegen auch als etwas geizig. Ich glaube, der Grund ist nicht nur Sparsamkeit. Ich glaube eher: Sie wollen nur sicher sein, dass sie auf ihre Kartoffeln nicht verzichten müssen.

„Ein Mann hat auch Gefühle". So las ich in einer Zeitung. Diese Zeitungsinformation überraschte mich eigentlich nicht. Ich habe das immer schon geahnt. Der uns diese Mitteilung machte, ist ein Modedesigner, außerdem Filmemacher in München.

Es muss sich um einen sozial engagierten Menschen handeln. Er will auch dafür etwas tun, dass Männer, wenn sie schon Gefühle haben, diese auch sprechen lassen können. Frauen leben ihre Phantasie in der Abendmode aus. So klärt uns der Modeschöpfer auf. Aber Männer? Nun, Männer tun das im Sportbereich. Deswegen habe er sich die Mühe gemacht, sich im Bereich der Skimode etwas einfallen zu lassen.

Wie schaut diese Skimode für Männer mit Gefühl aus? Die Auskunft lautet: „Unsere Themen sind heuer der Wilde Westen mit Rodeofransen und Steppmotiven wie auf Cowboystiefeln, dann der Jeans-Look, Indio- und Norwegermuster und Anzüge in den Farben Afrikas."

Eigentlich bin ich froh, dass ich nicht mit Rodeofransen und Steppmotiven durch die Bergwelt herunterbrausen muss. Eigentlich kommt mir ein als Indio verkleideter Skifahrer schon vor wie einer, der sich im Weg geirrt hat. Aber so ist unsere Welt. – Das heißt: ein Teil unserer Welt ist so. Der andere Teil heißt Kosovo, Nachbarn in Not. Oder Afrika und seine hungernden Kinder (in den Farben Afrikas).

## Dimensionen

Wien, fraglich

Sie kennen wahrscheinlich jene merkwürdigen Bilder, die beim ersten Blick nichts darstellen. Dann aber, bei einer gewissen sorgfältigen Betrachtung, sollte ein dreidimensionales Bild erscheinen. In einer Anleitung zum richtigen Betrachten eines solchen Bildes heißt es:

„Um das 3D-Bild zu sehen, halten Sie das Blatt zunächst nahe an Ihre Nase. Sehen Sie durch das Bild hindurch, bis es verschwimmt. Bewegen Sie dann das Bild langsam von sich weg." – Dann sollte sich, laut Anweisung, das 3D-Bild dem so genannten „magischen Auge" zeigen.

Leider sehe ich da nie etwas. Mir fehlt wohl das magische Auge. Oder die richtige Nase. Aber manchmal gibt es Momente, dass auch solche Kurzsichtige wie ich etwas weiter sehen können. Über die kurzfristige Banalität des Alltags hinaus entdeckt man etwas von der dritten Dimension des eigenen Lebens: Es wird etwas sichtbar von der Weite und Ferne, für die jeder Mensch bestimmt ist.

Nun bin ich wieder durch die Stadt gegangen. Viele Menschen gehen über die Straßen, eine sinnlos durcheinander gewürfelte Menge. Ein rätselhaftes Bild ohne Zusammenhang. Aber für das Auge des Betrachters erscheint allmählich ein 3D-Bild. Die Dimension des Einzelnen wird sichtbar.

Ein Zeitungsverkäufer – mit Ferne und Traurigkeit umschrieben.

Ein Kind – mit Zukunft bekleidet.

Einer, der an das Bausparen glaubt – nun aber geht er wie ein Tanzender.

Zwei Verliebte – von einer Wolke aus Lachen, Worten und Träumen getragen.

Die Dimensionen des Menschen sind zu entdecken.

Meinen ersten Spaziergang durch Wien machte ich anhand eines ironisch geschriebenen Reiseführers. Diesen ersten Rundgang sollte man am Graben bei der Pestsäule beginnen. Dazu der Reiseführer: „Wenn Sie meinen, dass diese Säule wie ein Eis mit Schlag ausschaut, können Sie besser gleich aufhören. Alles andere in Wien schaut genauso aus."

Nun, den Vergleich mit der Eistüte fand ich eher erfrischend. Und so habe ich mit Wien nicht aufgehört. Eis spielt in Wien sowieso eine wichtige Rolle. Es gibt meines Wissens kaum sonst wo eine Stadt, wo es so viele Eissalons gibt. Nicht irgendwelche. Jeder hat den eigenen Geheimtip. Es ist eine Glaubenssache. Die meisten Eissorten haben einen fremden, südländischen Namen. Dieses italienische Eis ist nicht mehr jenes süßliche Vanilleeis meiner Jugend. Das gibt es kaum noch. Nur bei Mc Donalds gibt es ein Eis, das ein wenig daran erinnert. Da ich sonst im Milieu der Umweltschützer und Müllsortierer verkehre, gehe ich nur heimlich in diese Abfertigung des verpackten Essens. Heimlich genieße ich dort den Geschmack der Jugend. Wie einer, der sich fürchtet, erwischt zu werden.

In Wien bringt der Alltag immer wieder etwas zum Lachen. Vor kurzem gab mir jemand seine Adresse, die Straße, die Hausnummer, und er sagte gleich dazu: „Dort, bei dieser Tür aber kann man nicht hinein. Man muss um das Haus herumgehen. In einer anderen Straße bei einer anderen Tür ist dann der Eingang."

Solchem Durcheinander begegnet man oft in Wien. Aber ich habe Wien nicht erfunden, und ich fühle mich nicht berufen, die Wiener umzuerziehen. Wien ist keine logische Stadt. Wien ist voller Halbheiten und voll Unvollendetem. Alles ist in Wien nur halb so schlimm, damit aber auch halb so gut. Die Eingänge der Häuser sind unauffindbar, aber dafür gibt es viele Hintertüren. Aber darum ist Wien auch eine sehr menschliche Stadt. Denn leider sind wir Menschen gleichfalls aus Halbheiten und Unvollendetem aufgebaut.

In Wien ist vieles nicht so geplant wie in Deutschland, nicht so ausgerechnet wie in der Schweiz. Aber in schlampiger Improvisation entsteht manchmal etwas Besonderes. So habe ich das wieder einmal erfahren: am Beispiel Längenfeldgasse. Wer bei der U-Bahn-Station Längenfeldgasse aussteigt und gutgläubig dem Schild „Längenfeldgasse“ folgt, kommt nicht in diese Gasse, sondern in eine andere Straße. Erst wenn man sich durchgefragt hat, findet man die gesuchte Straße ein paar hundert Meter zurück.

In dieser Straße wollte ich das Atelier eines Malers besuchen. Der Weg führt an endlosen Gemeindewohnblocks vorbei. Das gewünschte Haus ist gleichfalls eine Riesenwohnanlage mit ca. 30 Stiegen, die kaum klar gekennzeichnet sind. Bundesdeutscher oder eidgenössischer Tüchtigkeit wäre sicher Überschaubareres eingefallen. Wer dann aber mit Erfindergeist und Zufallsglück die richtige Adresse gefunden hat, erlebt doch etwas Besonderes. Denn dieser Gemeindebau aus dem Jahre 1924, damals eine soziale Glanzleistung, heute eher trostlos, hat im Dachgeschoss eine ganze Reihe Ateliers. In karger Zeit hat man doch für Künstler solche Orte geschaffen. Mag sein, dass andere Länder besser planen, die Phantasie ist eine Wienerin.

Aus einer vorbeifahrenden Kutsche hörte ich einen Teil der Stadtführung des Fiakers: „Dort ist das Gutenberg-Denkmal. Gutenberg hat die Semmeringbahn gebaut." Nun gilt Gutenberg sonst eher als Erfinder der Buchdruckkunst. Die Semmeringbahn ist für mich sogar das Gegenstück zur Buchdruckkunst. Denn wenn man auch eine Bahnfahrt von Wien nach Klagenfurt zuerst einmal lesend anfängt, sobald man am Semmering ist, ist die Zeit des Lesens vorbei. Man schaut auf die Landschaft. Und die Gedanken beginnen zu fliegen. Die Buchdruckkunst braucht man nicht mehr. Wer will hier unbedingt einen Tunnel bauen? Vielleicht irgendwelche Leseratten, die sich bei ihrer Lektüre nicht von irgendeiner Landschaft stören lassen wollen.

Gerade fragte mich ein älterer Herr auf der Straße, ob es im Himmel auch etwas zu lesen gäbe. Ich kenne den Herrn als einen leidenschaftlichen Leser. Nun, die Frage kann ich zurzeit beim besten Willen noch nicht beantworten.

Aber ich denke, auch wenn es dort nichts zum Lesen geben wird, vielleicht wird es dort eine Art Semmeringbahn geben, mit der wir staunend über alle Wolken fahren werden.

Zum ersten Mal im Leben war ich bei einer standesamtlichen Trauung. Normalerweise komme ich erst nachher, bei der kirchlichen Hochzeit, in Aktion. Mit beruflicher Neugierde registrierte ich das Geschehen. Machen die das besser als wir? Nun, schon architektonisch gewinnt die Kirche. An unmissverständlichen Räumen des Bestattungsdienstes vorbei kommt man zu einer etwas verkommenen Stiege im Stil der 50er-Jahre. Diese Stiege führt zu den Hochzeitsräumen. Sie scheinen mir vom selben Designer eingerichtet, der auch für die Wiener Friedhofshallen zuständig war.

Dann erfolgt die Trauung. Sie ist erstaunlich kurz, denn das Brautpaar hat auf die Ansprache verzichtet. So gibt der Beamte beleidigt bekannt. Seine Verärgerung verstehe ich. Ich wäre auch beleidigt gewesen, wenn ein Brautpaar auf die Predigt verzichten würde. Vorsichtshalber bietet die Kirche diese Möglichkeit nie an.

Ganz Wien wird sich „in einem wahren Freudentaumel befinden." So weiß das „Wiener Blatt", eine Zeitschrift, die man ungefragt zugestellt bekommt. Ja, was wird denn passieren?

Die Redakteure lassen einen nicht im Unsicheren. Eine neue U-Bahn-Strecke wird eröffnet. „Tolle Stimmung" und „flotte Rhythmen" werden zur Eröffnung versprochen. Mag sein, dass der Autor sonst ein graues Dasein fristet, so dass die „beliebte Familienshow von Robert & Robert mit den fantasievollen Großspielen" einer Firma ihm „Spaß und atemlose Spannung" bringen wird. Aber ganz Wien im Freudentaumel?

Dennoch, gemäßigte Freude habe ich schon über jene U-Bahn-Erweiterung. Weil ich ein heimlicher U-Bahn-Romantiker bin. Die U-Bahn hat etwas von der Abenteuerlichkeit spannender Jugendbücher. Zum festen Bestand solcher Jugendlektüre gehören geheime unterirdische Gänge, die zu verborgenen Schätzen führen. Zu verlassenen Spukhäusern, Pyramiden und anderswohin. Wenn man eine U-Bahn-Station betritt, geht man wieder in diese geheimnisvolle Welt hinein. Sogar die pädagogischen Absichten fehlen nicht. Rechts stehen! Links gehen! Gelegentlich hört man über Sprechanlagen eine Frauenstimme, die ermahnt, die Bahnsteige sauber zu halten. Wie in der Jugend bleibt die erzieherische Mahnung unbeachtet. Jugendbücher haben immer ein gutes Ende. Kein Held, kein guter Mensch bleibt auf der Strecke. So blickt man doch freudenvoll in eine bessere Zukunft.

„Unser Wien“ ist eine andere Stadtzeitschrift. „An einen Haushalt“ ergeht dieser Postwurf. Gratis. Die Post wirft allerdings auch, wenn man kein Haushalt, sondern ein Einzelgänger ist. Der Postwurf ist eine „Amtliche Mitteilung“. So steht es jedenfalls auf der ersten Seite dieser ungebetenen Drucksache. Aber hier findet man nichts vom sonstigen eher trockenen Beamtendeutsch. Hier dürfen sich wahrscheinlich aufgeweckte Rathausbeamte austoben. Das Ergebnis ist eine Mischung der Frische einer Schülerzeitung mit dem Anspruch einer bundesdeutschen Bildzeitung. Für welche Leute tut sich das Rathaus das an? Darüber mag bei den Autoren eine gewisse Unklarheit sein. Manchmal wird man als Leser/Leserin von den Autoren als „eher debil“ eingestuft. Dann wieder scheint eine „Oberschicht“ Zielpublikum zu sein. Zum Beispiel wenn es heißt, dass die Cocktail-Szene in Wien blühe wie nie zuvor. „Ganz Wien im Barfieber“, stellt die Überschrift fest. Ein neues Fieber in Wien also, das wohl das U-Bahn-Fieber von vor einigen Monaten ablöst. Was ist los? Vorbei die Zeiten, in denen in Wien eine Mischung klebriger Liköre zum Cocktail erhoben wurde. Natürlich atmet der/die LeserIn erleichtert auf, dass diese finsteren Zeiten nun endgültig vorbei sind. „Daiquiri, Singapore Sling und Caipirina sind bei uns zum Begriff für Barflies geworden.“ Aber ich denke an jene Pensionisten in Ottakring oder an den jungen, hart arbeitenden Familienvater, dem es nicht zum Begriff geworden ist. Mir eigentlich auch nicht.

Volksnäher geht das Blatt um mit dem Schnee. Die Zeitung hat einfach eine Umfrage veranstaltet, ob die Wiener den Schnee wollen oder nicht. Die Meinungen sind geteilt. Gespannt kann man auf die Entscheidung des Rathauses warten.

„Unser Wien“ ist gewiss keine billige Drucksache. Warum tut die Gemeinde Wien sich das an? Ich vermute, dass das Lernziel Dankbarkeit ist. Unsereiner ärgert sich öfters in Wien. Nun, das ist wohl ein wenig daneben. Es ist die Undankbarkeit von einem, der gar nicht versteht, was ihm in Wien alles geboten wird. Darum gibt die amtliche Mitteilung Antwort auf Fragen, die man gar nicht hat: Sterben Kartenrunden im Kaffeehaus aus? Auch erhält man Informationen über neue Nachtbuslinien. Dabei scheint mir folgende amtliche Mitteilung wichtig: „Ganz bestimmt werde ich den Nachtbus nutzen“, freut sich ORF-Wetterdame Isabella Krassnitzer. „Ich habe es schon immer entsetzlich gefunden, um halb eins mit dem Taxi heimfahren zu müssen“, erzählt „die Nachtschwärmerin, die kein Auto besitzt.“ Auch zur Arbeit fährt die „attraktive Blondine“ immer mit öffentlichen Verkehrsmitteln. So berichtet „Unser Wien“ ernsthaft und amtlich.

„24 Stunden für Wien". Das ist keine Bedrohung, sondern der Name eines Magazins der Wiener Stadtwerke. Man bekommt diese farbenfrohe Zeitschrift gratis zugestellt. – Das erklärt schon zum Teil, warum die Fahrpreise in Wien so hoch sind, denkt sich der undankbare Raunzer. Gerade für solche Undankbaren ist diese Zeitschrift wohl gedacht. Das Magazin versucht uns eine positive Einstellung zu den Stadtwerken beizubringen. Lappalien, wie die Erhöhung der Fahrpreise, werden dabei ausgelassen.

Zu den positiven Nachrichten gehört sicher die Meldung, dass Wochen- und Monatskarten ab 1. Jänner übertragbar sind. Ein Foto ist nicht mehr erforderlich. Die Karte kann an andere Personen weitergegeben werden. Und nun schildert die Zeitschrift, wie sie sich das Familienleben mit einer solchen übertragbaren Karte vorstellt: „In der Früh fahren Sie damit ins Büro, dann erledigt eine Kollegin einen Dienstweg mit Ihrer Karte. Ein Kollege fährt damit anschließend zur Bank, und Sie fahren nach Dienstschluss wieder heim. Abends fährt Ihre Tochter mit derselben Wochen- oder Monatskarte in die Disko – und legt Ihnen die Karte dann nachts auf den Frühstückstisch, damit Sie morgens wieder zur Arbeit fahren können. Und das alles für 142,– öS in der Woche!", ruft die Zeitschrift aus. Nicht vorgesehen in diesem Preis ist, dass die tanzwütige Tochter vielleicht doch gelegentlich am Tag eine Schulstunde besuchen möchte. Auch nicht vorgesehen in diesem Preis ist die Mutter. Sie kommt nicht vor. Aber sie braucht sowieso das Haus nicht zu verlassen. Sie muss ja den Frühstückstisch vorbereiten ...

Ja, das Familienleben in Wien ist schön, besonders wohl für Töchter.

Vor vielen Jahren schrieb ich den ersten Akt eines Theaterstückes. Ich war damals noch sehr jung. Aber aus der Leihbibliothek kannte ich die umfangreichen Werke von Shakespeare, Molière und anderen Kollegen. Mir war klar, dass man, wenn man ein größeres Gesamtwerk zusammenbringen wollte, früh damit anzufangen hätte. Wie das halb fertige Stück ausgehen sollte, weiß ich jetzt nicht mehr. Ich denke, dass gerade das damals mein Problem war. Aber den Ausgangspunkt weiß ich noch sehr wohl: die Vertreibung eines Märchenerzählers. Weil er in das moderne Stadtbild nicht mehr hineinpasst. Mit dem Märchenerzähler verschwinden allerdings alle Märchengestalten, die sich normalerweise bei uns versteckt halten. Die märchenlose Stadt wird prosaisch und phantasielos.

Heute ist es schon längst so weit. Ich gehe durch den Park und sehe auf einer Bank eine schlafende Prinzessin. „Dornröschen!", denke ich – aber sie wacht (nicht von einem Prinzen geküsst) von selbst auf und liest weiter in ihrem Skriptum über Molekularbiologie. Ich sehe einen Zauberer, der aus einer geheimnisvollen Schachtel einen Text hervorzaubert, wohl das Rezept für einen Zaubertrank. „Es ist ein Computerausdruck", sagt er mir. Tatsächlich, die Feen und Heinzelmännchen haben diese Stadt schon längst verlassen.

Der Opernball ist kein Fest der Privilegierten. So lautete die Aussage eines so genannten Prominenten in einer Zeitungskolumne, wo uns die Freuden und Leiden der Prominenten mitgeteilt werden. Das überrascht. Denn unsereiner hat eigentlich, angesichts der Preise, schon geglaubt, dass dieser Ball ein Fest der so genannten oberen zehntausend sei. Dem ist aber nicht so: „Es ist ein Fest des österreichischen Friedens und bescheidenen Wohlstands. Ich habe diesmal sogar Krankenpfleger aus dem AKH getroffen. Denen ist der Ball nicht zu teuer – sie verzichten lieber auf eine neue Skiausrüstung und amüsieren sich hier“, meinte ein oberer Tausendsassa.

Ich kenne Leute, die die Qual der Wahl zwischen Opernball und Skiausrüstung nicht haben, weil sie sich beides nicht leisten können. Und andere, die sich ohne Probleme beides leisten können. Unsereiner denkt sich dann schon, dass es etwas ungleich in dieser Welt zugeht.

Ich sammle Geschäfte: kleine, wunderliche Läden. Nun habe ich wieder einen solchen Laden gefunden. Ein Kurzwarengeschäft. Aus Dutzenden kleinen Schubladen bekommt man hier Knöpfe, Garn, usw. Hier kann man „plissieren" lassen, was immer das auch sein mag. Wenn man das Geschäft betritt, kommt es einem wie der Eintritt in die Vorkriegszeit vor. Nichts wurde hier für „Modernisierung" oder „Design" unternommen. Alles ist hier unpraktisch und umständlich. Von den Kunden wird die Geduld des 19. Jahrhunderts verlangt. Ich finde das alles sehr schön.

Ich fühle mich dort wie verzaubert. Wie zurückversetzt in jene Jahre, wo man mit der Milchkanne zur Milchfrau um einen Liter Milch gegangen ist. Zum Greißler um ein Pfund Mehl und ein Kilo Spalterbsen, die dann abgewogen und in Papiertüten gegeben wurden.

Jetzt führt der Einkaufsweg fast nur noch in den Supermarkt. Alles ist dort vorhanden und auch noch dreifach in Kunststoff verpackt – Packung in Packung. Die Auswahl ist enorm groß. Schon beim Käse gibt es fünfzig Sorten. Ganz Europa ist hier vertreten, käsemäßig sozusagen. Nur die umständliche Menschlichkeit eines Kurzwarengeschäftes, der Milchfrau Nelis oder des Greißlers Wilderom, beide damals in der Hogerwoerdstraat: die kann man nicht kaufen.

Ich gehöre zu jenen Leuten, die in einen Supermarkt hineingehen, um eine Flasche Milch zu kaufen. Und dann herauskommen mit zusätzlich einer Büchse Heringsfilet in Senfsoße, einem Glas Gurken, vier Packungen Orangennektar (das Billigangebot), einer Packung Karfiolkremsuppe und noch einigem anderen.

Zum Wesen eines Supermarktes gehört das Verführen. Und zum Wesen vieler Menschen: ihre Verführbarkeit. So ist das. Wenn in einem kleinen Laden gefragt wird: „Haben Sie noch einen Wunsch?“, dann fällt mir keiner ein. In einem Supermarkt werden die schlafenden Wünsche aber aufgeweckt.

Beim Warten an der Kassa wird dann die Wirklichkeit des Alltags wieder deutlich. Dieses Warten dauert immer lange. Unruhe, Aggressivität steigt beim Wartenden auf. Er, der vorher so viel Zeit hatte, um zwischen Hering in Tomaten- oder Senfsoße zu entscheiden, fühlt sich auf einmal unter Termindruck. Glücklicherweise gibt es immer jemanden, der mit seinem Einkaufswagen aus einem Seitengang kommt und sich so vorzudrängen versucht. Wie auf der Autobahn schließen sich die Wartenden zusammen, um dieser Person ja keine Chance zu geben. Die Aggressivität hat ihr Ziel gefunden.

Missmutig schaut der Wartende auf seine Einkäufe. Er weiß, dass er zu viel gekauft hat. Das Warten wird zur Gewissenserforschung. Es erinnert an das Warten beim Beichtstuhl, jene heute nur noch selten gepflegte Übung. Und so führt man seine kleinen oder schweren Verfehlungen zur Kassiererin. Sie prüft elektronisch und legt eine Buße auf, die Geldbuße.

Er, der gekommen war, um eine Besorgung von höchstens öS 20,- zu machen, kommt nun mit einer Buße von öS 328,80 davon …

Aufdringlich und unausweichlich kommt jedes Jahr der Ausverkauf. Natürlich fühle ich mich darüber erhaben. Aber ich schaue trotzdem. Ich gehe irgendwo hinein und kaufe. Schuhe, ja das sei mal notwendig! Und zum halben Preis! Ich ging in ein Schuhgeschäft hinein, wo schon viele Leute sich Schuhe zum halben Preis wünschten. Die Verkäuferin war überfordert und hatte es längst aufgegeben, die Kunden als Könige zu behandeln. Im Gegenteil. Eher sah sie in uns, glaube ich, korrupte Leute, minderwertige Gelegenheitskäufer, die sich auf miese Weise zu bereichern versuchten. Aber ich verstand die Müdigkeit der Verkäuferin und erledigte schnell den einmaligen Gelegenheitskauf. Wohl zu schnell. Nachher spürte ich erst, wie die Schuhe drückten und das harte Leder auch nach einigen Tagen nicht nachgab. Ach, wie unglücklich fühlte ich mich!

Geht es einem im Leben nicht oft so? Vieles will man haben zum halben Preis. Billig und schnell will man auf dem Markt des Leben erwerben: die Karriere, die Bildung, die menschlichen Beziehungen, einen guten Ruf, das Glück überhaupt. Noch einen Lebenssinn dazu. Ich glaube, so billig ist das alles nicht zu haben. Nicht im Ausverkauf. Nicht zum halben Preis.

In den Bekleidungsgeschäften werden alljährlich überall die neuen Wintermäntel angeboten. Ein Wintermantel war lange ein sehr ernsthaftes Kleidungsstück. Es wurde angeschafft auf Lebenszeit. Seit einigen Jahren aber haben auch die Wintermäntel einen Trend ins Leichtsinnige. Sie werden farbiger, unseriöser und der Mode unterworfen. Die zumeist beachtlichen Preise halten mich noch von diesem modischen Genuss ab. Ach, meine Charakterstärke beruht leider zum Teil auch auf Geldmangel.

Die alte, seriöse Auffassung des Wintermantels hat eine biblische Komponente. Der Mantel als Kleidungsstück fürs Leben – so dass er ein Teil von einem selbst ist: Das gibt es auch in der Bibel. Den Mantel schenken, so wie Jonatan es tat, bedeutet: sich selbst schenken. Wenn der Prophet Elija dem gerade auf dem Feld pflügenden Elischa im Vorbeigehen den eigenen Prophetenmantel umwirft, versteht Elischa sofort die Berufung. Wenn Leute verzweifelt waren, zerrissen sie den Mantel: Ausdruck einer „Identitätskrise“ sozusagen. Der Mantel war auch das Kleidungsstück, in dem die Leute damals geschlafen haben. Deshalb lautet die Anweisung des Buches Exodus: Wenn man von einem Mitbürger den Mantel zum Pfand nimmt, dann soll man diesen bis Sonnenuntergang zurückgeben. Denn: „Worin soll er sonst schlafen?“

Diese Bedeutung hat der Wintermantel heute wohl nicht mehr. Er ist nicht mehr Ausdruck einer Identität. Vielleicht sind das bei den jungen Leuten die Jeans? Tatsächlich, manche Jeans machen den Eindruck, als würde darin geschlafen werden. Und wenn man diverse durchlöcherte Jeans anschaut, macht man sich schon Sorgen, durch welche Identitätskrisen der Träger wohl hindurchgegangen sein mag …

Es hat eine Zeit gegeben, wo Kinder noch „Kinder“ genannt wurden. In meiner Jugend war das so. Ich erinnere mich daran als an eine unbeschwerte Zeit. Denn der Jugend wurde kein besonderer Wert beigemessen. Die einzige Aufgabe eines Jugendlichen war: erwachsen zu werden. Die Aufgabe eines Erwachsenen war: erwachsen zu sein. Es wurde von ihm nicht verlangt, einen Jugendlichen zu spielen. Im Gegenteil: Nur der Erwachsene galt. Darum hatten die Jugendlichen es gut. Sie durften Kinder sein. Sie durften spielen. Es war ein Paradies, wo sogar Bücher gelesen wurden. So war das einmal. Aber dieses Paradies ist verloren gegangen.

Kinder werden heute „kids“ genannt. Das ist nicht nur ein Wort, das ist ein Programm. Auf meinem täglichen Arbeitsweg komme ich an einem Reisebüro vorbei. Hier werden Reisen, die man gemeinsam mit „kids“ machen kann, preisgünstig angeboten. Malediven und so. Ach, wie unvergesslich sind die Ferien bei der Großmutter! Etwas weiter gibt es einen Laden mit Mode für unsere „kids“. Daneben wurde ein neues Geschäft mit Comics eröffnet, wobei es nicht klar ist, was es dort zu lachen gibt. Hier können „kids“ alles einkaufen, was sie brauchen für ein Leben nach dem Modell von „Star Trek“. Klingonenuniformen zum Beispiel oder ein Wörterbuch Klingonisch-Deutsch. Arme „kids“!

In irgendeinem Kaufhaus hier in Wien gibt es auch eine bescheidene Abteilung mit Büchern. Verschämt wurde diese Abteilung in den höchsten Stock versetzt. Das Bücherangebot ist nicht toll. Die Highlights der Frankfurter Buchmesse findet man hier nicht. Eher Bücher mit Kochrezepten und Hinweisen für die Pflege von Zimmerpflanzen. Oder „Schloss Hubertus", ein Buch des 1920 verstorbenen Autors Ludwig Ganghofer, also auch nicht das Neueste vom Neuen. Wahrscheinlich ist dieses Angebot auch den Managern dieses Unternehmens etwas trostlos vorgekommen und wurde deshalb neben der Abteilung mit dem Titel „Humor" aufgestellt. Sachen zum Lachen also, weiß der geübte Bücherstöberer.

Ein älterer Herr stöbert missmutig in der angebotenen Heiterkeit. Je länger er stöbert, umso missmutiger schaut er. „Das soll lustig sein?", redet er mich an und zeigt mir ein Büchlein. „Bitte 3x lächeln täglich". Untertitel: „Nur heiter kommt man weiter." Und der Herr meint: „Früher ja. Da hat es in Wien immer etwas zum Lachen gegeben. Aber heute? Wo gibt es heute in Wien noch etwas zum Lachen?"

Auf diese Frage weiß ich nicht so schnell eine Antwort, und der enttäuschte Sucher nach der Sonnenseite des Lebens schlurft traurig weiter.

Eine Parfümerie in Wien wirbt damit, dass man dort das Gesicht von Evita, „The face of Evita“, erwerben kann. Gemeint ist natürlich das Gesicht der Evita Peron in der filmischen Darstellung von Madonna. Wenn ich es richtig verstanden habe, kann man in jenem Geschäft Make-up und derlei („true lipstick!“) kaufen, das zur Umwandlung des eigenen Aussehens in Richtung Evita/Madonna beitragen sollte. Obwohl die Geschäftsleitung mich aus biologischen Gründen nicht zum angestrebten Kundenkreis rechnen wird, gibt es noch einige Gründe, weswegen ich dieses Angebot ablehne. Ein Lied – „Weine nicht über mich, Argentinien“ – hat zwar die banalen, sentimentalen Teile meiner Seele gerührt. Aber der Film hat mich nicht wirklich vom Sessel gerissen und Madonna sowieso noch nie.

Darum ist es mir unklar, was an einem Madonna-Gesicht erstrebenswert sein könnte. Und es meldet sich die Frage, warum Menschen überhaupt das Aussehen ändern möchten und nicht das eigene Gesicht aufleuchten lassen. Der Entlarvte ist kein Beschämter, kein Bloßgestellter. Denn von ihm wird man sagen: Siehe! Ein Wahrhaftiger! Ein Mensch ohne Falsch!

In der Wiener Innenstadt schaue ich oft die Porzellanläden an. Ich gehe aber nicht hinein. Der Preis dieser Porzellanfiguren liegt über meinen Verhältnissen. Vielleicht kommt auch eine Scheu dazu. Das alles ist so zerbrechlich. Nur mit den Augen darf man es berühren.

Was zerbrechlich ist, macht uns vorsichtig, behutsam und zärtlich. So ist es bei den Dingen. So ist es auch bei den Menschen. Zärtlichkeit unter Menschen: Jene Sanftmut, die dort entsteht, wo Menschen beieinander die Zerbrechlichkeit spüren. Menschen werden zärtlich, nicht weil der andere so stark ist, sondern weil er/sie verletzbar ist.

Wer hat jene kleine Japanerin gesehen, die vor einigen Tagen in der Kärntner Straße Geige spielte? Niemand hörte zu. Tapfer spielte sie weiter. Ihre kleine verwundbare Seele, wie konnte sie diesen verwundbaren Vogel gegen die Härte der Großstadt beschützen? Ihr ganzes kleines Wesen war ein Aufruf zur Behutsamkeit.

Der Rückblick auf den heutigen Tag ist hoffentlich nicht nur der Blick auf harte, unerbittliche Fakten, sondern auch auf behutsame Begegnungen. Augenblicke, zerbrechlich wie Porzellan. Und du bist wieder einer geworden, der sich aufgerufen weiß zu Behutsamkeit und Zärtlichkeit – über die Maßen.

Heute war ich in einem Spielwarengeschäft. Es ist schon lange her, dass ich in einem solchen Laden war. Neu waren für mich dort die Videospiele und die vielen Dinosaurier. Ansonsten hat sich nicht allzu viel geändert. Eisenbahnen, Spielautos, Puppen – wie gehabt. Besonders einen großen Affen hätte ich gerne mitgenommen.

Natürlich fühlt man sich als Erwachsener zwischen den Teddybären schon auch ein wenig komisch. Mit strengem Blick versuchte ich eine Verkäuferin auf Distanz zu halten. Ihr gegenüber fühlte ich mich hier fehl am Platz. Andererseits – eigentlich ist einem diese Kinderwelt auch sehr vertraut. Immer noch. Als ob man sie nie verlassen hätte. Nur etwas vergessen.

Es ist wohl so, dass das Kind im Menschen nie stirbt, nie ganz. Es wird nur zum Schweigen gebracht, mundtot gemacht. Manchmal sehr verletzt. Aber es ist nicht umzubringen. Allerdings, manchmal schläft das Kind in uns lange, lange Zeit.

Dieses Kind in uns ist wieder aufzuwecken. Das Lachen darf nicht alt werden, das Fragen nicht aufhören, das Staunen nicht sterben. Zu erinnern ist an die Sprache aus dem Kinderland, an die vergessenen Zauberwörter: Sonnenblume, Waldvogel, Wasserfisch, Murmeltier, Vaterhand, Muttertrost, der Hund Sebastian. Es ist Zeit, das schlafende Kind in dir aufzuwecken und mit ihm einfach in einen Spielwarenladen zu gehen. Sonst stirbt die Zukunft.

Schön finde ich Geschäfte, in denen man Musikinstrumente kaufen kann. Da gibt es zwei Arten solcher Geschäfte. Läden mit Gitarren, Trompeten, Schlagzeug, Blockflöten. Und, etwas vornehmer, Klaviergeschäfte. Die Musikgeschäfte haben gemeinsam, dass die Musik hier noch schläft. Die Klänge der Zukunft müssen erst noch zum Leben erweckt werden. Alles, was da erklingen wird auf Volksfesten, in Wohnzimmern, auf der Straße, in Vorstadtlokalen, in Konzertsälen: Es muss erst aufgeweckt werden. Musikläden verkaufen nur Möglichkeiten.

Es schlafen nicht nur die guten Klänge der Zukunft: Es schlafen auch die bedrohlichen Geräusche. Manches Geräusch, das uns einmal sehr erschrecken wird, ist noch nicht auf der Welt. Bösartige Worte, die noch nicht gesprochen sind. Die entsetzliche Explosion eines Atomkraftwerkes. Die Geräusche eines Krieges oder einer Umweltkatastrophe. Solche Geräusche lauern noch in der Zukunft und machen uns Angst.

Aber es gibt auch die guten Geräusche, die auf uns warten. Worte des Friedens, die noch nicht gesagt sind. Musik, die noch nicht geboren ist. Geräusche der Hoffnung.

Aus dem Musikladen ist ein vierzehnjähriger Bursch gekommen. Eine Trompete unter dem Arm. Er lächelt vor sich hin. Und jetzt sitzt er wohl in irgendeinem Zimmer, irgendwo in dieser Stadt. Und übt die Trompete der Zukunft.

Zu den Scheußlichkeiten des Lebens gehört das Sitzen im Kino neben einem Popcornesser. Da die Popcornbehälter immer größer werden, reichen sie heute schon für einen ganzen Film. Ja, manchmal ist die Stadt eine Löwengrube.

Aber es ist Frühling. Auch im Herzen und so. So sollte hier nicht von den Tiefpunkten des Lebens die Rede sein, sondern vom Frühlingshaften. Dazu gehören für mich: Abendspaziergänge durch die frühlingshafte Stadt. Sie enden immer banal in einer Eisdiele. Aber vorher gibt es Lehrreiches, Bildendes. Zum Beispiel: die Betrachtung merkwürdiger Geschäfte. Gestern Abend studierte ich auf diesem Lernpfad einen Laden mit Hunden, Katzen und Negersklaven aus Kunststoff. Und ein Geschäft mit lauter Krawatten, bunten, ausgeflippten, mit Mickey-Mouse- oder Versace-Phantasien.

Krawatten gelten als Zeichen der Bürgerwürde. Sie sind wohl genau das Gegenbild zu allem Ausgeflippten. Aber diese ausgeflippten Krawatten wollen den versteckten Zigeuner im Bürger bezeugen. Sie bringen Poesie in die Einförmigkeit des Alltags. Kommt der Alltag Ihnen wie eine Löwengrube voller Popcorn vor? Dann ist es wohl an der Zeit, Frühling zuzulassen, einen Kaffee zu kochen, ein Gedicht zu lesen oder eine neue, ausgeflippte Krawatte zu kaufen.

Er war missmutig durch die Stadt gegangen. Der Winter war dieses Jahr nicht richtig in die Stadt gekommen. Dort hatte er sich nur mit wenig Regen und Wind zufrieden gegeben – eine halbe Sache. So halbherzig war auch sein Stadtweg. Dann sah er den Laden mit den Fest- und Zauberartikeln – ein Zauberladen! Mit merkwürdigen Sachen wurde in den Schaufenstern geworben: Schuhquietscher, Bonbons mit Salzgeschmack. Oder: ein Feuerzeug mit Wasserfontäne (darf im Freundeskreis nicht fehlen!). Oder ein anderes Feuerzeug, mit dem der arglose Benützer einen kräftigen Schlag auf die Finger bekommt. Oder auch ein Flaschenöffner, bei dem es hieß: „Mit diesem Öffner wird ihr Opfer vergeblich versuchen eine Flasche zu öffnen." „Eigentlich genügt da schon ein normaler Flaschenöffner", meinte er, der Ungeschickte und Schlechtgelaunte. Er war so schlecht gelaunt, dass er sich auch über die eigene schlechte Laune ärgerte. „In diesem Geschäft wird es wohl etwas zum Lachen geben", hoffte er und ging hinein. Aber auch der Unterhaltungsverkäufer machte keinen besonders fröhlichen Eindruck, er war kein Possenreißer, kein Zauberer. „Eine Saddam-Hussein-Maske sei lustig", sagte der Verkäufer gelangweilt, aber der Kunde erinnerte sich an Bilder des Kriegshimmels über Bagdad. „Reagan-Masken sind jetzt sehr preiswert. Sie sind immer noch sehr gefragt", aber der Kunde erinnerte sich an einen Banküberfall mit einer solchen Maske. Also entschied er sich dann für eine Scherz-Nase, ging nach Hause und setzte sich vor seinen Fernseher. Auch die Ansagerin versprach Unterhaltung: einen Angriff auf die Lachmuskeln. Der Gelangweilte seufzte: „Auch das noch", und fürchtete das Schlimmste. Was dann auch tatsächlich der Fall war. So endete der Tag wie er war: eine kleine Katastrophe.

Von den kleinen Katastrophen des Alltags ist wohl kaum eine so gefürchtet wie die Langeweile. Die Freude kann man nicht kaufen. Den Fisch kann man kaufen. Nicht aber die Freude des Fischers beim Warten am See.

Von kleinen, merkwürdigen Läden war hier die Rede. An einen anderen Laden habe ich mich auch noch erinnert. An einen Laden, wo Naschwerk von früher verkauft wird. Dinge, die es sonst heute nicht mehr gibt und die an den Geschmack der Kindheit erinnern. Und zu erinnern wäre an jenes Kino in Wien, wo die alten, vergessenen Filme gezeigt werden. Schwarzweiß natürlich, aber den älteren Menschen, die dieses Kino besuchen, zeigen sie zweifelsohne die Farben ihrer Jugend.

Was für einen Laden möchten Sie führen? Einen Brotladen, in dem es immer nach frisch gebackenem Brot riecht? Oder einen Kräuterladen mit Lavendelgeruch? Oder lieber einen mit Blumen?

Und ich – hinter welches Verkaufspult möchte ich mich stellen? Eine Kaffee-Ecke für einen Stehkaffee sollte unbedingt dort sein. Aber was wird sonst noch verkauft? Ich denke, Verschiedenes. Ein Gemischtwarengeschäft. Schallplatten mit Songs, Chansons, die von Gitarrenmusik begleitet werden; Bücher, in denen so viel passiert, dass man sie nicht mehr aus der Hand legen kann. Auch Bücher mit Gedichten und Gebeten, mit alten Gebeten voller Glanz und jenen neuen Gebeten, wo das Suchen unserer Zeit eine kleine Stimme bekommt. Eine kleine Drehorgel auch und einen sprechenden bunten Vogel, der deinen Namen und „Guten Tag“ sagen kann.

Was uns sehen lässt
Was uns trägt
Was auf Erde wächst
Was sich bewegt und atmet
Wie Menschen leben

# erde, ein wohn

ort

Beim Kinoeingang steht eine Schlange wartender Menschen. Fröhlich sind die Wartenden, obwohl Mord- und Totschlag auf sie wartet. Fröhlich geht man ins Kino. Ich auch, ich gehe gerne. Zwar gilt ein Kinogeher nicht als besonders kulturinteressiert. Er hat nicht den guten Ruf des Theaterbesuchers. Aber wenn man ihn vergleicht mit den Menschen in der Oper, schaut der Kinogeher entschieden fröhlicher aus. Für ihn gibt es im Kino anscheinend mehr zum Lachen. Ein veraltetes Wort für Kino ist: Lichtspielhaus. Gelegentlich sieht man dieses Wort noch in irgendeinem Dorf, wo es nie ersetzt wurde: Lichtspielhaus. Selten noch deutet jene Aufschrift die eigentliche Bestimmung des Hauses an. Aus dem früheren Kino wurde eine Disko, ein Festsaal. Aber der Name ist geblieben. Und der Name bleibt schon: Lichtspielhaus. Haus, wo die Lichtspiele wohnen.

Es wäre auch ein schöner Name für die Erde, auf der wir wohnen. Auch unsere Welt ist ein Lichtspielhaus. Hier gibt es das Lichtspiel von Sommer und Winter. Und die Lichtspiele eines Tages, bis es Abend wird. Ja, da gibt es viel Grund zum Lachen, viel Anlass zur Fröhlichkeit: Ach, du liebe Sonne! Ach, du gütiger Mond!

Am Abend aber lassen wir auch eigene Lichter aufleuchten. In alter Zeit wurden sogar Segensgebete zum Anzünden des Lichtes gesprochen. Christus, das Licht! Das ist ein solcher alter Lichtruf, der um Segen ruft. Brauchen wir heute noch solche Gebete? Genügt uns nicht der Elektriker?

Auch die Seele des Menschen kennt ihre Lichtspiele, ihre Sonnenaufgänge. Ihre hellen und klaren Mittagsstunden. Auch die Seele ist ein Lichtspielhaus. Sie hat auch ihre Finsternisse, ihre Nachtseiten. „Ich bin auf der finsteren Seite der Straße“, sang einmal ein trauriger Bob Dylan in einer depressiven Phase seines Lebens, als seine Freundin ihn verlassen hatte. Solche Erfahrungen sind Erfahrungen der dunklen Seite der Straße. Es sind Erfahrungen der Nacht. An der Schwelle einer solchen Nacht der Seele mag es gut sein, sich an den alten Ruf zu erinnern: Christus, das Licht! Und auch an den ersten Schöpfungstag, jenes erste Gotteswort: Es werde Licht.

Ich bin ein Schaulustiger. Die Tätigkeit des lustigen Schauens übe ich besonders auf Christkindlmärkten aus, vielleicht auch deswegen, weil solche Märkte in meiner niederländischen Heimat unbekannt sind. Darum wurde ich ein Schaulustiger mit Nachholbedarf. Nun, wenn ich über einen Christkindlmarkt gehe, überlege ich mir oft, was für eine Marktbude ich hier führen möchte. Eine mit singenden Christbäumen aus Plastik, wie ich vor kurzem einen sah? Aber wer will schon in seiner Wohnung einen singenden Christbaum haben? Es wäre wohl sinnvoller, eine Bude mit Weihnachtsdekoration zu führen, mit Kerzen, mit Christbaumschmuck, mit Strohsternen und zerbrechlichen Kugeln. All diese Farben ...

Dort könnte man das Sehen wieder lernen. Tatsächlich, eine solche Bude möchte ich am Christkindlmarkt betreuen, eine Bude, wo die Leute das Sehen wieder lernen. Ein Ort, wo die computergewöhnten, informationsbefriedigten jungen Augen der Kinder wieder lachen vor Staunen und wo die müde gewordenen Augen älterer Menschen wieder wahrzunehmen beginnen.

Eine solche Bude gibt es. Man findet sie im letzten Buch der Bibel, im Buch der Offenbarung des Johannes. Am Anfang dieses Buches der Offenbarung gibt es sieben Briefe. Es sind Briefe an sieben christliche Gemeinden. Ein Brief ist an die Gemeinde in Laodizea gerichtet. Sie muss eine ziemlich langweilige „Pfarre“ gewesen sein. Die Gemeindemitglieder werden als sehr mittelmäßige Leute dargestellt, als Menschen, die weder kalt noch heiß sind. Armselig, nackt und blind: So werden diese faden Typen dargestellt. Und sie bekommen den Rat, dagegen etwas zu tun. Das Richtige sollen sie kaufen: durch Feuer geläutertes Gold gegen die Armseligkeit, weiße Kleider gegen die Nacktheit. Und auch gegen die Blindheit sollten sie etwas unternehmen, die Menschen aus Laodizea. Laodizea war damals ein berühmter Ort für die Heilung von Augenkrankheiten. So wie heute in Wien Menschen mit Augenproblemen zu den Barmherzigen Brüdern rennen, weil ihr Spital diesbezüglich einen außerordentlich guten Ruf hat, so ist man damals nach Laodizea gefahren. Dort wurde ein besonderes Pulver gegen Augenkrankheiten hergestellt. Es wurde aus Gestein in der Gegend gemahlen.

Gegen diesen Hintergrund steht nun die dritte Kaufempfehlung. Nicht nur Gold und Kleider wären notwendig, sondern „... kaufe Salbe für deine Augen, damit du sehen kannst." Eine solche Salbe für deine Augen – damit du sehen kannst –, die möchte ich dir gerne in meiner Bude am Christkindlmarkt verkaufen.

„In diesem losgelösten Sommer spürte Irene zum ersten Mal das Wegfließen des Wassers weit draußen näher als den Sand unter den Füßen. An den Treppen der Steilküste, wo Erde bröckelte, sah Irene wie in all den anderen Sommern die Warntafel stehen ‚Erdrutschgefahr'. Die Warnung hatte in diesem losgelösten Sommer zum ersten Mal wenig mit der Küste und viel mit Irene zu tun."

Die oben genannten Sätze stehen fast am Anfang von Herta Müllers Roman „Reisende auf einem Bein". Herta Müller stammt aus Rumänien. Seit 1987 lebt sie in (West-)Berlin. Deutsch ist ihre Muttersprache.

„Erdrutschgefahr": Diese Warnung wird hier zum Bild der inneren Unsicherheit eines Menschen, für den nichts mehr hält. Das Vertraute trägt ihn nicht mehr.

Einmal, vor vielen Jahren, erlebte ich in Wien ein Erdbeben geringen Ausmaßes. Einige Dachziegel fielen herunter, die Pendeluhren blieben stehen. Es dauerte nur kurz, nur einige Sekunden. Aber ich kann mich an das merkwürdige Gefühl der Unsicherheit erinnern, wenn der Boden, auf den man vertraut, unverlässlich wird. Die selbstverständliche Sicherheit gerät ins Wanken. Ich erinnere mich nicht an Angst, dafür dauerte es zu kurz, sondern an ein großes Staunen.

In den beiden Schöpfungsberichten, die am Anfang der Bibel stehen, gibt es für das bewohnbare Land zwei Bilder. Nach dem ersten Bericht teilt Gott am zweiten Schöpfungstag das Festland von den Wassern und nennt es Land, Erde. „Gott sprach: Das Wasser unterhalb des Himmels sammle sich an einem Ort, damit das Trockene sichtbar wird. So geschah es. Das Trockene nannte Gott Land ..."

Im zweiten Schöpfungsbericht gibt es ein anderes Bild. Da ist zuerst die Erde eine leere, unfruchtbare Wüste, in der Gott einen Garten anlegt, um den Menschen dorthin zu versetzen.

Die beiden Bilder entsprechen unseren verschiedenen Erfahrungen der Erde, des Landes. Wer eine Schiffsreise gemacht hat oder nach einer Luftreise sicher gelandet ist, freut sich über das Land, das ihn trägt. Der Reisende aber, der aus der Wüste kommt, er freut sich über die Oasenstadt. Sein Herz erhebt sich: Isfahan!

Er hat bewohnbares Land gefunden. Die zwei Bilder sind verschieden. Gemeinsam aber sagen sie uns: Das, was dich trägt, wo du leben kannst – es kommt von Gott.

Darauf müssen wir uns verlassen. Auch wenn wir in unserem Leben die Erfahrung machen, dass nichts mehr hält. Wenn nichts mehr bleibt von dem, was uns, wie wir glaubten, getragen hat. Nicht nur das Bankkonto und der Beruf, auf die wir unsere Sicherheit gebaut hatten. Auch unser Vertrauen auf andere Menschen, unsere Liebe: Es hält nichts mehr. Alles ist ins Wanken geraten. Erdrutsch. Erdbeben.

Auch dann, sagt uns die Heilige Schrift, bist du in Gottes Hand. Er lässt dich nicht fallen.

Wer in der Nacht zu den Sternen schaut, schaut in eine unvorstellbare Ferne. Auch Versuche, die kosmischen Entfernungen vorstellbar zu machen, helfen nicht. Wenn man die Erde bis zur Größe einer Mikrobe verkleinert, so wäre die Sonne ein Zentimeter entfernt. Aber die Dimension der Milchstraße wäre bereits von der Größenordnung der tatsächlichen Mondentfernung. Die ferneren Galaxien befänden sich in diesem Modell in einer Entfernung von Milliarden Kilometern. Nicht einmal eine extreme Verkleinerung macht uns die Größe des Weltalls vorstellbar. Ist unser Planet eine „kosmische Belanglosigkeit"? Dennoch ist auf diesem Planeten Leben entstanden, Urformen des Lebens im Wasser. Und langsam wurde sie grün, diese kleine, unscheinbare Erde. Zwischen den Steinen ist Grünes gewachsen. Im Buch Genesis heißt es, dass Gott sprach: „Das Land lasse junges Grün wachsen, alle Arten von Pflanzen ... der dritte Schöpfungstag." Irgendwann hat es angefangen: das kleine, junge Grün zwischen den Steinen ... Eine belanglose Kleinigkeit am Rande des Kosmos?

Ein kleines Buch von Kurt Wolff „Von der felsenfesten Treue Gottes" ist ein Büchlein über Steine in der Bibel. Der Autor hat hier alles gesammelt, was es an Steinen in der Bibel gibt, und gibt dann seine eigenen Überlegungen dazu. In der Bibel gibt es viele Steine – Bausteine, Ecksteine. Jene fünf Steine, die der junge David aus dem Bach holt und in seiner Hirtentasche aufbewahrt. Die strengen steinernen Tafeln des Gesetzes. Der Stein, auf dem Jakob auf der Flucht seine Himmelsleiter träumt. Die Denksteine im Jordanfluss, von denen das Buch Josua spricht. Der Stein vor dem Grab Jesu. Die Edelsteine der Stadt Gottes.

Wer jetzt durch die steinerne, felsenfeste Bergwelt wandert, der trifft so auf viele Denksteine – auf Steine, die ihn an Steine und deren Geschichten in der Bibel erinnern könnten. Vielleicht erinnern sie den Wanderer auch an die Anfänge unseres kleinen Planeten, die Ursteine. Wenn er aber die kleinen Kräuter und Gräser zwischen den Steinen sieht, alles, was so tapfer wächst, weiß er sich wieder am dritten Schöpfungstag.

Das kleine Grün ist so rührend, weil es so klein ist. Im Volksgarten in Wien gibt es eine Ecke mit vielen Rosen. Rosen verschiedenster Art mit stolzen, selbstbewussten Namen: Belinda, Prisine, Astree, Condessa de Sastago. Unnahbar wie ihre Namen sind diese Blumen. Anders die Namen der Kräuter. Johanniskraut. Schafgarbe. Huflattich. Himmelschlüsselblüte. Immergrün. Wer die Namen der Kräuter aufschreibt, hat schon ein Gedicht fertig. Die Namen der Rosen bringen höchstens eine Telefonbuchseite zusammen. Das Kleine jedoch ruft uns zur Zärtlichkeit auf.

Unsere Erde mag im Kosmos wie eine Lappalie ausschauen, nichts im Vergleich mit mächtigen Galaxien. Aber in der eisigen Leere des Kosmos ist sie die Poesie. Noch zwischen den Steinen wächst hier das Gras. Hier ist das Leben geworden. Hier erwachte der Mensch. Hier hat der Ewige unter den Menschen gewohnt.

Der berühmte Fußballverein Ajax hat in Amsterdam vor einigen Jahren ein neues Stadion gebaut. Dieses Gebäude hat alle technischen Raffinessen unserer Zeit. So kann z. B. bei schlechtem Wetter mit Knopfdruck ein Dach über dieses Stadion gezogen werden. Das Stadion wurde von Königin Beatrix eröffnet. Ohne Hut. Königin ohne Hut, schrieben die Zeitungen erstaunt. Und wie schön dieses Stadion sei.

In den folgenden Monaten folgte dann aber auch Kritik ... Es sei alles zu schön. Es gebe keine Atmosphäre. Die Toiletten haben nicht mehr so gestunken wie früher. Das Gras rieche nicht mehr nach Gras.

Das ist tatsächlich schlimm, wenn Gras nicht mehr nach Gras riecht. Dann ist die Ursprünglichkeit des Lebens verduftet. Verloren gegangen ist der Geruch des frischen Brotes in einer Bäckerei oder der Geruch des Meeres am Strand der Nordsee oder auch der Duft des Grases früh am Morgen nach dem Regen in der Nacht. Am dritten Tag wurde auch der Geruch des Lebens erschaffen. Er wird in der Bibel nicht besonders erwähnt. Vielleicht wurde der Geruch gar nicht beabsichtigt und es wundert sich der Schöpfer selbst über dieses Nebenprodukt seines Tuns. Aber schlimm wäre es, wenn der Duft des Lebens verloren ginge und wir auf Deodorant und Tannenspray angewiesen wären.

Die „Victoria amazonica“ ist eine Blume, die den guten Ruf hat, eine ganz große Leistung der Natur zu sein. Diese Pflanze wurde 1801 in Südamerika entdeckt. 1840 gelang es, sie zum ersten Mal in England zum Blühen zu bringen. Der Gärtner, dem das gelungen war, pflückte sie und brachte sie zur Königin Victoria. Daher der Name: Victoria amazonica.

Das alles habe ich in Holland in der Zeitung gelesen, denn die Universitätsstadt Leiden pflegt in ihrem botanischen Garten gleichfalls diese Victoria amazonica. Nun war diese königliche Blume vor einigen Wochen daran, wieder zu blühen. Vorher gibt sie dann schon Anzeichen ihres Vorhabens. Sie verbreitet einen bezaubernden Ananasduft.

Wenn sie blüht, ist der Ansturm des Publikums sehr groß, zumal es einen Volksglauben gibt, dass die Pflanze nur einmal im Jahr eine Nacht lang blüht. Was anscheinend so nicht stimmt. Wie dem auch sei, wie jedes Jahr wurde mit niederländischem Kaufmannssinn für diesen erwarteten Publikumsstrom beim botanischen Garten eine Abendkasse eingerichtet. Was aber geschah?

Die Pflanze blühte eine Nacht früher und verstand es so, die geschäftstüchtigen Gärtner zum Besten zu halten. Allerdings waren diese Gärtner der eigensinnigen Blume nicht böse. „Sie hat uns ein Schnippchen geschlagen“, räumten sie sportlich ein.

Ich habe Bewunderung für diese Blume, die sich nicht an die Planung hält. Ihr eigenwilliges Blühen war stärker als alles Rechnen. Es ist jene unberechenbare Eigenwilligkeit, die an die Dichter und Maler erinnert.

Von Bäumen wird nun die Rede sein. Über Bäume erzählte mir der Biologe Manfred Sonderbares. Es gibt Bäume derselben Art, die ihre Blätter und Blüten zu verschiedener Zeit treiben. Das ist eine Schutzmaßnahme. Bei Nachtfrost z. B. ist nicht alles auf einmal verloren. So gibt es von derselben Art schnelle, risikofreudige Bäume: vorwitzige. Und auch langsame: vorsichtige. Obwohl sie derselben Gattung angehören, haben sie verschiedene Charaktere.

Auch die Bibel berichtet von den Charakteren der Bäume. Am Ende des Buches Jona liest man über einen schnellen und risikofreudigen Baum, eher einen größeren Strauch, den Rizinusstrauch. Über Nacht wächst er schnell. Aber bald geht er zu Grunde, der vorwitzige Baum. Ein Wurm kommt, nagt ihn an, und er verdorrt. (Menschen sind manchmal so. Sie haben ein leicht bewegtes Herz. Geschwind wollen sie etwas auf die Beine bringen. Aber auf einmal ist der Wurm darin. Schnell ist man frustriert: „Nicht einmal bedankt hat er sich!" Und der Frustrierte wendet sich etwas anderem zu.) Auch von anderen Bäumen spricht die Bibel, auch von den vorsichtigen. Von einem Feigenbaum, der noch immer keine Früchte trug. Schon in der Baumschule hatte er sich schwer getan. Nicht weil er dumm war, sondern weil er gescheit war. Nie wurde er mit seinen Aufgaben fertig. Immer war er zu spät, weil er sich überlegte, was alles schief gehen könne. Nie konnte er sich entscheiden und irgendwann war dann die Zeit vorbei. (Menschen sind manchmal so. Sie können sich nicht entscheiden, weil sie auch die Berechtigung des Gegenteils sehen.)

Und nun hörte dieser langsame, vorsichtige Feigenbaum auf einmal das furchtbare Urteil: Haut ihn um! So erzählt das Lukas-Evangelium. Haut ihn um! Sein kleines Feigenbaumherz krümmte sich vor Angst. Dann auf einmal, so geht die Erzählung weiter, gab es doch eine Gnadenfrist. Ein Jahr noch warten! Der Feigenbaum atmete auf. Eine zweite Chance. Die Gnade des letzten Augenblicks!

Es wird nicht erzählt, wie es mit dem Baum ausgegangen ist. Aber ich denke, der Baum ergriff seine Chance. (Menschen haben ihre Erfahrungen mit der Gnade des letzten Augenblicks. Journalisten, Prediger, Dichter ... Bald ist die Endfrist für den Text da, die deadline, und noch immer ist einem nichts eingefallen. Oder zu viel und man kann sich nicht entscheiden. Aber die deadline ist unwiderruflich. Und nun schreibt man irgendetwas und manchmal sogar irgendetwas Gutes. Jesus hatte, glaube ich, eine gewisse Vorliebe für diese Leute des letzten Augenblicks, so für die Arbeiter der elften Stunde im Weinberg.)

Und dieser kleine Feigenbaum? Immer hatte er das Blühen aufgeschoben. Immer hatte er gewartet. Vielleicht ist morgen das Wetter noch geeigneter zum Blühen. Nun aber, nun blühte er wie vorher noch nie ein Feigenbaum geblüht hatte.

Die erste Seite der Bibel erzählt, wie das Wohnhaus Erde geworden ist. Licht, Land, das trägt, Gräser zwischen den Steinen, Pflanzen, Bäume: ein Tagewerk Gottes. Dann aber, am fünften, sechsten Tag: Vögel erheben sich und Tiere bewegen sich auf dem Feld. Ach, die Vögel! Vögel gelten als Inbegriff der Sorglosigkeit. Aber auch die Vögel haben es schwer.

Der Biologe Manfred hat an der Universität für Bodenkultur in Wien einen Kongress organisiert. Ein Kongress erfüllt mich mit großem Respekt. Aber mehr noch das Thema dieses Kongresses: Die Sorge um einen Vogel. Der Name dieses Vogels ist: Ortolan. Das ist ein schöner, poetischer Name, finde ich. Sehr leicht ließe sich dieser Name für Lieder verwenden: „... wie einst du, Ortolan". Tatsächlich, die Ortolan-Lieder müssten melancholisch oder nostalgisch sein. Denn es geht diesem Vogel nicht gut, meinen die Gelehrten. Gerade deswegen waren sie nämlich zu diesem Kongress aus zwölf Ländern zusammengekommen, hatten lange Reisen gemacht, um sich über diesen Vogel den Kopf zu zerbrechen. Was ist denn mit diesem Vogel los? Einmal hat sich der Ortolan, dieser kleine, unscheinbare Zugvogel, der den Winter südlich der Sahara im äthiopischen Bergland verbringt, hoffnungsvoll in Österreich niedergelassen. Auch in Kärnten. Die ersten Ortolanbruten wurden 1884 im oberen Gailtal und 1885 im oberen Drautal entdeckt. Der Entdecker Keller beschreibt ihn als neuen Brutvogel, der erst seit kurzem in Kärnten anzutreffen ist. Jetzt wird er in Kärnten nur noch selten gesehen. Er ist überhaupt eine der seltensten und gefährdetsten Brutvogelarten Österreichs geworden. Was hat er bei uns zu befürchten, der kleine Ortolan? Nicht wie in Frankreich, wo er als Delikatesse gefangen, gemästet und gegessen wird, braucht er vor unseren Meisterköchen Angst zu haben. Aber vieles, was ihn damals nach Österreich gezogen hat, findet er jetzt nicht mehr. Zum Beispiel haben ihm damals im Waldviertel die Alleebäume gefallen. Die Straßen wurden verbreitert, die Bäume gefällt. Und so könnte man noch einige andere Gründe aufzählen. Denn einmal waren die Bäume rund um Wien voller Ortolanengesang. Beethoven ist dort spazieren gegangen. Das Lied des Ortolans wurde von ihm musikalisch verarbeitet und ein berühmtes Motiv einer Symphonie. Manchmal denke ich: Ein Mensch ist wie ein kleiner Zugvogel. Der ohrenbetäubende Alltag macht es ihm schwer, einen Ort zu finden, wo er singen kann. Wenn seine Seele aber diesen Ort gefunden hat, wird er für dich singen und ganze Symphonien lässt er in dir geboren werden.

In Wien gibt es einen Park, wo eine Kolonie Papageien lebt. Die grünen Vögel leben dort schon einige Jahrzehnte in Freiheit. Die Kolonie von dreißig Papageien geht auf zwei Ausreißer zurück: Einem jungen Papageienpaar gelang einmal die Flucht in die Freiheit, und es fand diesen Park als Zufluchtsort. Hier kamen dann kleine Papageien auf die Welt, und so ging das viele Jahre weiter. Die exotischen Vögel gewöhnten sich an den neuen Lebensraum, passten sich an, auch an das Klima, und bewohnen in Wien nun diesen Park. Und die Wiener, sowieso dazu geneigt, alles, was mehr als zehn Jahre in Wien existent ist, als typisch wienerisch zu betrachten, gewöhnten sich an die Papageien. Sie freuen sich, wenn durch den Park ein bunter Schwarm von dreißig Papageien auffliegt, sich auf die Bäume setzt und jenes Gekreisch produziert, das die Tiere nun einmal für „Singen" halten. Ein Vogel, der Ortolan, inspirierte Beethoven zu einer Symphonie. Das würde das Lied der Papageien kaum vermögen. Aber vielleicht inspirieren die grünen Ausreißer ein paar junge Vorstadtrocker zu einem poppigen Meisterwerk.

Die Nachricht über die Papageienkolonie ist für mich eine erfreuliche. Die Nachricht sagt: Freiheit ist möglich. Auch für Exoten gibt es einen Ort. Und: Es soll jeder singen, wie er kann.

Ein Fax bringt manchmal Sonderbares ins Haus. So schickte mir mein Freund Manfred, als Biologe wissenschaftlich tätig, folgende Mitteilung: „In der überwiegend katholischen Republik Irland fühlen sich nach einer wissenschaftlichen Studie auch Fledermäuse in größerer Zahl in katholischen Kirchen heimischer als in Gotteshäusern von Protestanten. Wie der britische ‚Guardian' am Montag berichtete, hat die irische Fledermausexpertin Kate Aney dies bei den Nistgewohnheiten von Arten festgestellt, die sie als ‚Kirchenbesucher' bezeichnet. Die Langohr-Fledermäuse waren vorwiegend in katholischen Kirchen anzutreffen, die Natterer-Fledermäuse, kleiner an Zahl, dagegen fast ausschließlich bei den anglikanischen Kirchen von Irland."

Die Erklärung für die strikte Trennung bei den Flattertieren habe allerdings weniger mit der Religion als mit dem Baustil der Kirchen zu tun. Die Langohren fühlen sich wohl im Holzgebälk der katholischen Kirchen. Die andere Art bevorzugt größere Räume mit Zugang zu Steinwänden. Mir gefallen besonders die langen Ohren der katholischen Fledermäuse. Ähnlich lange Ohren sind wohl katholischen, evangelischen, allen Menschen zu wünschen. Damit wir lernen, die leisesten Stimmen des Daseins zu hören, auch jene ewige Stimme, die uns ruft.

Es gibt eine Art von Fröschen, die der Farbe nach unauffällig im Moor lebt. Also: in ziemlich trostloser, grauer Umgebung. Aber einmal im Jahr werden die Männchen dieser Art himmelblau: in der Paarungszeit. Von überall her kommen die Gelehrten, schauen sich das an – und finden ihn schön: diesen himmelblauen Frosch im Moor. Auch die Weibchen finden das.

Blau, das ist die Farbe des Verlangens. Nicht nur des sexuellen Verlangens, sondern der Liebe überhaupt. Der Romantiker Novalis hat dafür seine blaue Blume erfunden. Blau ist die Sehnsucht, die Weite, die Ferne. Blau ist der Himmel, das Meer. Blau ist eine Grundfarbe der Seele, die das Verlangen nach Ferne nicht aufgegeben hat.

Das wurde mir beim Fernsehen klar. Bei einem nicht sehr aufregenden Film war ich eingenickt. Als ich nach einigen Minuten aufwachte, hatte sich im Bild kaum etwas geändert. „Ist es das Testbild?", fragte ich einige Leute, die sich mit mir den Film anschauen wollten. „Nein", erklärte man. „Es ist ein langsamer Film über die Beharrlichkeit." – „Deswegen", wollte ich sagen, und tatsächlich: Beharrlichkeit mag beim ersten Blick nicht sehr aufregend sein. Man wird schon schläfrig dabei.

Aber ist die Beharrlichkeit nicht jene Grundhaltung der Seele, die den ursprünglichen Träumen und Idealen treu bleibt? Ein Testbild der Treue? Nichts Sprunghaftes ist dabei, nur Langsames: So, wie Weite und Ferne langsam sind. Eine solche langsame Seele hat eine tiefblaue Farbe, die lebenslängliche Farbe der beharrlichen Treue.

Zur ungewöhnlichen Welt eines Rehabilitationszentrums für Herzpatienten gehört die so genannte Telemetrie. Bei der Telemetrie hat der Patient einen Weg zu gehen, bei dem er über einen kleinen Sender mit einer Zentrale verbunden ist. Sein Herz wird während des Spaziergangs kontrolliert. So ist es auch mir ergangen. Einem Freund, dem Biologen Manfred, berichtete ich von diesem Abenteuer. Bald erhielt ich von ihm ein Fax. Ihm sei aus einem anderen Zusammenhang die Telemetrie sehr vertraut. Die Ötschbären z. B. werden telemetriert. Damit man weiß, wo sie sind. Dass man nun angefangen habe, die katholischen Priester zu telemetrieren wie die Ötschbären, sei ihm neu.

Mit Vergnügen habe ich gehört, dass in den Niederlanden fünf telemetrisch kontrollierte Seehunde auf einmal verschwunden sind. Eine Annahme ist, dass sie außerhalb der Reichweite ihrer Sender die westfriesischen Watteninseln aufgesucht haben und sich dort in der Nähe aufhalten.

Fühlen Sie sich manchmal telemetriert? Möchten Sie unerreichbar sein? Wie wäre es mit den Watteninseln? Dort wird über die Geräusche der Nordsee hinaus nur der Ewige die Schläge Ihres Herzens vernehmen.

Es gibt in Amsterdam ein Schiff, wo lauter Katzen wohnen. Und natürlich auch ein paar Leute, die für die Tiere sorgen. Es liegt in einem der vielen Stadtkanäle, den Grachten von Amsterdam. Katzenschiff nennt man dieses Schiff, „Poezenboot". Obdachlose Katzen werden hier untergebracht. So erinnert dieses Schiff ein wenig an die Arche Noahs, die einmal (so heißt es am Anfang der Bibel) gebaut wurde für die Rettung der Tiere. Beim Katzenschiff geht es nur um die Rettung der Katzen. Aber immerhin – in seiner Art ist es so doch eine Arche im Kleinformat. Wer sonst würde in unserer Zeit der riesigen Öltanker noch für die Tiere ein Schiff bauen wollen? Greenpeace vielleicht. Am Anfang der Bibel aber wird von diesem rettenden Schiff Noahs erzählt. Das ist etwas sehr Schönes. Wer dann, mit den Gedanken an die Arche im Kopf, durch Amsterdam spazieren geht, wird noch weiter an Noah erinnert. Wenn er die vielen Tauben der Stadt sieht, wird er wohl an die Tauben von Noah denken müssen. Drei waren es. Die erste Taube schickte Noah aus, um zu erkunden, ob es auf der überschwemmten Erde schon einen trockenen Ort gäbe. Unverrichteter Dinge kehrte die Taube in die Arche zurück. Sie hatte keinen Ort gefunden. Die zweite Taube, die Noah nach sieben Tagen ausschickte, kehrte schon am Abend wieder zurück, aber mit einem frischen Ölzweig im Schnabel, einem Zeichen der Hoffnung. Die dritte Taube, die Noah nach weiteren sieben Tagen ausschickte, kehrte nicht mehr zurück. Denn sie hatte einen Ort gefunden.

Am Anfang des Tages ist die Seele wie eine kleine Taube. Vor ihr liegt ein Meer der Ungewissheit. Die Seele möge sein wie die dritte Taube aus der Arche, jene, die einen Ort findet.

Am Ende der Schöpfung, so heißt es im ersten biblischen Schöpfungsbericht, erscheint der Mensch. In zweifacher Gestalt wird er erschaffen, als Mann und als Frau. Als Bild Gottes erschaffen. Oder wie es der zweite Schöpfungsbericht ausdrückt: Von der Erde genommen, aber in ihm ist der Lebensatem Gottes. Auch die Naturwissenschaft sieht den Menschen erst am Ende einer langen Vorgeschichte unserer Erde erscheinen. Erst im letzten Augenblick dieser Geschichte ist er da. Wir sind noch kaum geboren. Aber er ist da, leise ins Leben gerufen, als Mann und Frau gerufen: der Mensch. Was wird aus ihm werden?

Ein langes Abenteuer fängt an. Viel wird er entdecken: Feuer, Sprache, auch die Sprache des Betens. Lernen wird er, Stätten des Wohnens zu schaffen und die Toten in Ehrfurcht und nicht ohne Hoffnung zu begraben. Aber auch in Böses wird er sich verstricken, ziemlich von Anfang an, sagt uns die Heilige Schrift. Der Mensch wird Waffen gegen den Menschen erfinden. Sprache wird auch Lüge werden. Statt Beten wird auch Auflehnung und Fluch sein, er wird auch oft die Sprache des Betens vergessen. Was wird aus dem Menschen werden? Berühmte Namen wird er tragen, Namen, die heute noch genannt werden, weil sie Friede, Schönheit und Heiligkeit in die Welt gebracht haben. Aber auch Namen, die man heute nur noch mit Abscheu nennt. Die meisten Namen aber sind vergessen. Namen von ganz gewöhnlichen Menschen, die so wie wir waren. Sie haben gelebt, waren glücklich, haben gelitten. Sie haben Familien gegründet, Häuser gebaut, gearbeitet, das Brot gebacken, den Wein geteilt. Kinder wurden geboren, wurden groß und so ging es weiter.

Gutes, aber auch Böses war in ihnen, sie waren ganz gewöhnliche Leute. So haben sie gelebt, so sind sie gestorben – ohne berühmte Namen. Dennoch blieb ihr Name lange Zeit bei ihren Kindern und Freunden eine sanfte, lange Erinnerung. Ganz gewöhnliche Leute, die ein wenig glücklich sein wollten. Oft aber waren sie Opfer: von Seuchen und Naturkatastrophen, von Kriegen, die sie nicht wollten. Ausgebeutet wurden sie, vieles haben sie erleiden müssen. Dabei wollten sie nichts anderes, als ein wenig glücklich sein.

Mein Freund, der gelernte Biologe Manfred, erzählt mir oft aus dem Leben der Pflanzen und der Tiere. Und auch darüber, wie sich das alles entwickelte. Über die Evolution also.

Bei der Evolution ist es sonderbar zugegangen. Anpassung allerdings ist das Normale und Gängige. Neue Blumen wuchsen wie die alten. Junge Hunde und Enten lebten genauso wie ihre Eltern. Das Einfallslose ist meistens der Weg der Natur. Allerdings nicht immer. Gerade wenn ein Lebewesen, der Erzieher, sich nicht anpasste, ging die Entwicklung weiter. Die Evolution wählte das Unangepasste und Eigenwillige. Die Ausnahme und das Abenteuerliche: Das war die Möglichkeit zum Fortschritt. Nicht immer war das so. Die Ausnahme konnte auch ein Irrweg sein. Aber manchmal ist auf diesem Weg der Ausnahme die Entwicklung des Lebens weitergegangen.

Unsere Welt ist ein Wohnort der Alltäglichen und Gewöhnlichen. So werden Menschen erzogen. Anders könnte diese Welt nicht leben. Aber in all dieser Alltäglichkeit erscheint auch das Besondere. Etwas Unangepasstes gibt es in jedem Menschen. Mit jedem hat Zukunft eine neue Chance.

Im Haus der Menschen
werden die Tüchtigen genannt:
Stützen der Gesellschaft.
Mit Recht. Ohne sie
würde das Haus zusammenbrechen.
Andere sind das Fundament dieses Hauses.
Auf sie kann man bauen,
so sagt man zufrieden.
Und manche sind wie ein Dach:
Sie halten Hand über alles,
sie schützen vor dem Regen,
vor dem Winter.
Die Pflichtbewussten,
sagt zufrieden der Bürger.

Was aber ist mit dem Vogel
auf dem Dach dieses Hauses?
Er, der schon singt früh am Morgen
noch ehe er sein Nest gebaut hat?
Und der so leichtsinnig singt:
„Geh aus mein Herz ...!" –
und damit die Passanten verführt,
sie zu Freudesuchern macht.
Was ist mit dem pflichtvergessenen Vogel
auf dem Dach des Hauses?

Ohne ihn wäre das Haus der Menschen
nur ein denkmalgeschütztes Monument.
Nur Vergangenheit könnte dort wohnen.
Der Vogel auf dem Dach des Hauses
bringt das Haus zum Leben,
lässt die Zukunft herein.
Wohnen werden hier,
die das Lachen gelernt haben.

Nazareth
Betlehem
Jerusalem
Himmel

# heiliger

ort

Weihnachten ist zu proben
schon im November.
Texte sind zu schreiben,
aber scheu
fliegen die Worte davon,
wie die Vögel erschreckt:
Sie gehen nicht
auf den Leim.
Beharrlich aber
probt Weihnachten
schon ein Engel
im Untermietszimmer,
illegal, denn für Engel
gibt es keine
Aufenthaltserlaubnis.
Unbeirrt übt er weiter:
Friede auf Erden!
Friede den Menschen!
Mürrisch raunzt
die Hausmeisterin:
Friede – schon im November?
Wo kommen wir hin?
Was diese Ausländer
sich alles erlauben …

Der Hofburgbrand war in Wien ein ganz großer Schock. Mag sein, dass Worte wie „Flammeninferno“ eher als Zeitungslyrik einzuordnen sind, die Bilder des Feuers und der Zerstörung waren harte Wirklichkeit. Am Rande der Zerstörung sind aber auch die Bilder der Sanftmut zu sammeln. Besonders sind das jene Bilder der Menschen, die sich um die Pferde der Hofreitschule kümmerten. Und die Bilder von Polizisten, von Sicherheitsbeamten: diesmal nicht auf Verbrecherjagd, sondern darum bemüht, Bücher in Sicherheit zu bringen. Die Rettung der Bücher! Gott sei Dank hat die Nationalbibliothek nicht gebrannt! Bilder der Sanftmut. Aber was sind schon solche Bilder, wenn wir zuschauen müssen, nicht nur wie die Hofburg brennt, sondern auch wie im Nachbarland die Menschen leiden und sterben?

Ist Sanftmut nicht ein allzu wehrloses Kind in der Gewalt unserer Zeit? Die Sanftmut unserer Adventzeit: Ist sie überhaupt berechtigt? Beim Golfkrieg wurde der Wiener Opernball abgesagt. Ist der Advent für dieses Jahr nicht abzusagen? Ist nicht bekannt zu geben: wegen der laufenden Ereignisse im Kosovo, in Somalia und anderswo findet Weihnachten dieses Jahr nicht statt?

Die Wehrlosigkeit des Kindes in Betlehem bedeutet auch: Gottes Vertrauen auf unsere Sanftmut – Sanftmut kann gewinnen. Die Sanftmut des Kindes ist ein Aufruf: Gib der Sanftmut eine Chance. Lass Weihnachten stattfinden!

Advent ist die Zeit, in der Engel aufwachen. In verschiedenster Gestalt sind sie unter uns. Als Weihnachtskitsch bewohnen sie die Adventstraßen und Weihnachtsmärkte. Auch der kitschigste Engel ist mir noch sympathisch. Poetisch sind sie in vielen Gedichten und Malereien anwesend, oft in ergreifender Schönheit.

Und, manchmal sehr leise, dann wieder laut singend, gehören sie zur Mitte der Texte über die Menschwerdung Gottes: Von der leisen Botschaft des kündenden Engels an Maria bis zur singenden Schar über die Felder Betlehems, damals „als die Sonne leuchtete um Mitternacht".

Ein Maler, der viele Engel gezeichnet hat, war Paul Klee. Die meisten zeichnete er 1939, ein Jahr vor seinem Tod. Er zeichnete sie oft mit ganz wenigen, einfachen Linien. Paul Klee hat diese Bilder mit liebenswürdigen, manchmal auch leicht ironischen Namen benannt: Armer Engel. Vergesslicher Engel. Engel – noch tastend. Krise eines Engels. Engel voller Hoffnung. Das Bild des vergesslichen Engels wurde mir einmal als Reproduktion geschenkt. Ich habe es aufgehängt und schaue ihn nun oft an, diesen vergesslichen Engel.

Es gibt zu diesem vergesslichen Engel auch ein Gedicht. Es ist ein Text aus einer Gedichtreihe zu den Engelzeichnungen von Paul Klee. Der Autor ist Tuvia Rübner, ein israelischer Schriftsteller, 1924 in Bratislava geboren. Eine Auslese seiner Gedichte wurde ins Deutsche übersetzt: „Wüstenginster", ein schönes Buch zum langsamen Lesen. Hier findet man auch den Text zu Paul Klees „Vergesslicher Engel". Er lautet:

Auch ich will gefallen
und fliegen à la Mode.
Aber habe vergessen –
die Flügel stottern
ich bewege mich nicht.

Worauf hat der vergessliche Engel vergessen? Auf das Fliegen, meint Rübner. Diese Erklärung ist dünn. Denn: Warum hat der Engel vergessen? Es gibt eine Vergesslichkeit, die krankhaft ist, ein Leiden. Es gibt aber auch eine Vergesslichkeit, die nichts anderes als eine intensive Nachdenklichkeit ist. Ein „Sichsammeln", bei dem alles andere unwichtig erscheint.

Was mag beim vergesslichen Engel vorgegangen sein? War er krank? Eine Grippe? Und deswegen eine kurze Unaufmerksamkeit? Vielleicht war unser Engel ein fleißiger Dienstengel, der täglich pflichtbewusst die Gebete der Menschen vor Gott trug. Dann hat er einmal aus Neugierde ein solches Gebet ausgepackt, ein bunt angemaltes, ein Kindergebet, voller Kindertränen.

Die Flügel des Engels stottern. Kurze Zeit blieb er bewegungslos. Dann lernte er ein neues Fliegen, jenes Fliegen, das aus Mitleiden geboren wird.

Warum spürt man Zahnschmerzen erst am Wochenende, wenn kein Zahnarzt erreichbar ist? Warum entdeckt man den Rohrbruch immer gerade am Samstagabend um halb neun? Unlösbare Fragen unseres Daseins. Aber nicht nur das Lästige kommt unerwartet zu lästiger Zeit. Auch die Freude kommt unangemeldet. Manchmal. Es gibt auch das Gegenteil: Entscheidungen, die langsam in uns wachsen, das vorhergesehene Unglück, die Freude, die man lange kommen sieht.

Das jährliche Weihnachtsfest ist kein unvorhersehbares Naturereignis. Es hat in der Adventzeit einen langsamen Weg zu uns. Es ist eine Freude, die langsam in uns reifen kann, bis die Zeit erfüllt ist. In seinem Frühwerk „Mohn und Gedächtnis" deutet Paul Celan dieses Reifen der Zeit so an: „Wir schälen die Zeit aus den Nüssen und lehren sie gehn ... Es ist Zeit, dass der Stein sich zu blühen bequemt, dass der Unrast ein Herz schlägt. Es ist Zeit, dass es Zeit wird."

In Aufschriften zu Psalmen liest man manchmal Hinweise, wie sie zu singen sind. Nach der Weise: „Lilien". Nach der Weise: „Zerstöre nicht". Nach der Weise: „Stumme Taube der Ferne. Mit Saitenspiel. Für den Chormeister." Du aber, nach welcher Weise wirst du die alten Weihnachtsworte singen? Werden wir jenen Ton finden, auf den eigentlich unsere Seele gestimmt ist? Werden wir uns Zeit nehmen für dieses schweigende Hören, dieses hörende Warten, bis wir den Tonfall unserer Seele vernehmen? Bis wir singen können für Ihn, den Chormeister? Erst dann wird auch für uns die Zeit erfüllt sein.

Die erfüllte Zeit, das ist ein Stichwort des Weihnachtsfestes. Heute wird es heißen. Heute ist Christus geboren. Heute ist der Erlöser erschienen. Wird es auch unser Heute sein? Heute: Das ist der Augenblick. Menschen, die sich in die Augen blicken, ein Kind, das uns in die Augen blickt. Und dieses Kind ist Gott, sagt fassungslos der Gläubige. Heute: Das ist der Augenschein – für unsere staunenden Augen scheint die Welt in neuem Glanz. Heute: Das ist das Handumdrehen – die Hand, die sich ballte in Wut wird zur Hand, die segnet und heilt. Heute: Das ist das Hörensagen – die Sprache findet eine Brücke, das Wort kann sich niederlassen in das Herz des anderen. Sanft wie ein Vogel landet es und findet

 Zuflucht. Heute ist Anwesenheit, lauter Gegenwart, Gott mit uns. Noch ist die Zeit nicht erfüllt. Das Heute ist noch Zukunft, nicht Gegenwart. Wir sind die Wartenden, Hoffenden. Uns ist die Aufgabe aller Hoffenden gegeben: Wachsame Wächter unserer Seelen zu sein, dass der Keim der Hoffnung nicht erstickt. Behutsame Gärtner, die schauen, dass auch anderswo Hoffnung wachsen kann. Noch ist die Zeit nicht erfüllt. Aber es ist Zeit, dass wir die Zeit werden lassen.

Nicht die großen Erdbeben,
nicht die Gewalt der Stürme,
nicht die Schrecken der Gewitter
wurden uns in die Hand gegeben.
Nicht einmal Sommer und Winter,
Ebbe und Flut,
Tag und Nacht
liegen in unserer Macht.
Nur was klein ist und zerbrechlich,
was aufruft zur Zärtlichkeit,
Behutsamkeit und Heilung
wurde uns anvertraut:
der Schlaf der Kinder,
die Sprachlosigkeit der Einsamen,
das Glatteis der Wagehälse,
der Zufluchtsort der Verirrten,
der Spielplatz der Liedermacher,
der Baum der Singvögel.
Was machtlos ist,
wurde uns anvertraut.

Mag sein, dass Gott,
Ewiger, Allmächtiger,
auch deswegen Kind geworden ist:
damit er sich uns anvertrauen kann.

Wider die Abweisung
Wider die Nachtangst

Der leisen Stimme
aller Ortssuchenden wegen
Der Zerbrechlichkeit
eines Kinderschlafes wegen
Der Überhörbarkeit
eines Engelliedes wegen:

Um Wachsamkeit
Um Hellhörigkeit
Um Augenlicht
Um Friedensgruß

Nun ist der Schnee in Wien wieder verschwunden. Aber die beschneite Stadt – das war schön. Finde ich. Denkt jeder so? Das Rathaus veranstaltete eine Umfrage: Wie viel Schnee braucht die Stadt? Die Meinungen dazu sind sehr unterschiedlich, meint das Rathaus. Das zeigt auch eine Auswahl aus den Antworten: „Schnee in der Stadt ist doch nur schmutziger Matsch." „Der Schnee gehört einfach zum Winter und könnte ruhig länger liegen bleiben." Manche Antworten suchen den Kompromiss: „Schnee nur in den Seitengassen! Schnee nur auf den Gehsteigen!" Das sind wohl so genannte österreichische Lösungen.

Schnee gehört einfach zur alpenländischen Übersetzung des Weihnachtsfestes. Jede Kultur übersetzt das Weihnachtsfest auf ihre eigene Art. Ein niederländisches Weihnachtslied betont, dass die Hirten vor dem Erscheinen der Engel ihre Schafe gezählt hätten. Damit sind sie wohl typisch niederländische Hirten geworden: Ein wenig knauserig, aber die Buchführung ist in Ordnung. Die alpenländische Darstellung der Hirten hingegen ist anders. Wenn man das Durcheinander der Schafe bei manchen Krippen anschaut, hat man schon das Gefühl, dass keiner der Hirten den richtigen Überblick hat.

Aber dafür gibt es den Schnee. Das ist die alpenländische Übersetzung des Geschehens in Betlehem. Winterliche Kälte, die äußere Armseligkeit dieser Geburt will wohl so zum Ausdruck gebracht werden. Aber noch mehr. Schnee, das ist auch: Lauterkeit. Sogar die Stadt hat zur Unschuld zurückgefunden. Schnee ist Verzeihung, Freispruch.

Der Schnee in Betlehem ist historisch unwahrscheinlich. Aber er stellt die Lauterkeit des Geschehens dar.

Nach einer kirchlichen Trauung war ich zum Hochzeitsmahl eingeladen. In einem chinesischen Restaurant fand das Mahl statt. „Knusprige Ente“ war die Mitte dieses Menüs. Dazu gab es folgendes Gespräch: „Bei uns im Bezirk hat auch ein Chinese ein Restaurant eröffnet. Die „knusprige Ente“ dort ist ein Hit. Der Vorteil ist, dass es bei uns im Bezirk seitdem weniger Tauben gibt.“ Diese Aussage wird wohl als „Wiener Schmäh“ einzustufen sein. Ihr Wahrheitsgehalt ist, dass viele Leute in Wien die Tauben nicht besonders mögen. Ich auch nicht, das heißt: die fetten, faulen Stadttauben nicht.

Etwas anderes ist das mit den Tauben aus der Arche Noahs, jenen zweiten und dritten Tauben, die zeichenhaft Frieden, Versöhnung ansagten. Tauben als Bild der Sanftmut und Versöhnung nach der Katastrophe. Versöhnung nach der Gewalt!

Es liegt nun schon mehrere Jahre zurück, dass sich in der Vorweihnachtszeit in den Donauauen ein Kampf abspielte. Es ging um die Rettung der Auen. Tausende Menschen hielten die Auen besetzt und versuchten, die Schlägerung der Bäume zu verhindern. Dies alles rief auch Gegenreaktionen hervor, auch gewalttätige. Dann kam der Heilige Abend. Studenten hatten mich als Studentenseelsorger eingeladen, mit ihnen in den Auen die Christmette zu feiern. Es wurde der schönste Heilige Abend, den ich je erlebt habe. Tausende Menschen beteten dort, frierend, hörten das Weihnachtsevangelium, feierten Eucharistie, sangen „Stille Nacht“. Die Gendarmerie feierte mit. Versöhnung war angekommen.

Einmal meinte ich, dass in dieser Heiligen Nacht ein ungewöhnliches Rauschen vorbeiging, wie ein Flügelschlag. War es ein Weihnachtsengel? Oder war es aus der Arche die dritte Taube?

In den biblischen Weihnachtsgeschichten ist alles in Bewegung. Maria, Josef, die Hirten, die Sterndeuter: Alle sind unterwegs. Die Wege sind verschieden. Sie haben ihre eigenen Zeichen: einen Engel, einen Stern. Sie haben ihre eigene Bedrohung: die Abweisung der Herbergsuchenden, die Nachtschrecken der Hirten, eine Falle für die Sterndeuter. Aber alle Wege haben dieselbe Verheißung: Sie führen alle zum Kind, genannt Jeschua, Gott rettet. Oder auch: Immanuel, Gott mit uns.

Am Anfang des Weges, den Maria und Josef gegangen sind, steht jenes Geheimnis, das in den Worten des „Angelus“ (Engel des Herrn) eine einfache Sprache findet: „Der Engel des Herrn brachte Maria die Botschaft, und sie empfing vom Heiligen Geist.“ Wir sprechen diese Worte tagtäglich in der Hoffnung, dass ihr Glanz über die Banalität unseres Alltags leuchte. Banal war tatsächlich der Anlass, weswegen Maria und Josef sich auf den Weg begaben. Ihr Weg war ein lästiger Behördenweg, eine Eintragung in eine Steuerliste. Kein Weg, wo mit viel Anteilnahme zu rechnen ist.

Ich denke, es gibt eine Möglichkeit, wie man einen Weg nach Betlehem gehen kann: einen ganz gewöhnlichen Weg, einen Eselsweg. Die Tage vor Weihnachten haben nicht nur ihren Zauber. Sie bringen auch eine Fülle von Verpflichtungen. Viel Abweisung gibt es in dieser Alltäglichkeit. Das menschliche Herz bietet nicht viel Platz. Oft wirst du nicht aufgenommen. Größer als unser Herz ist Gott. Auch der Eselsweg des Alltages kann zu dem Ort führen, wo es heißt: Gott ist mit uns. Hier bist du angekommen.

Der Weg der Hirten und Sterndeuter ist anders. Der Weg der Hirten ist voller Nachtschrecken und unvorherzusehendem Aufbruch, auch voller Verheißung und Frieden zugleich. Die Sterndeuter aber – ach diese Sterndeuter. Sicher, es sind Gottsucher, Nachdenkliche voller Beharrlichkeit. Aber sie machen so viele Umwege. Es sind typische Intellektuelle, die nie einer Diskussion aus dem Weg gehen können. Darum kommen sie so schlecht voran. Bis sie dann doch ihrer ursprünglichen Vision treu bleiben.

Welchen Weg werde ich zu Weihnachten gehen? Das ist die Frage. Einen alltäglichen Weg? Einen Weg des Friedens durch die Schrecken der Nacht? Einen fragenden Weg? Das sind die Fragen. Sind sie das wirklich?

Denn die Antwort wurde uns schon im Voraus gegeben: Nicht unser Weg ist so wichtig. Weihnachten ist nicht das Geheimnis der Wege des Menschen zu Gott, sondern das Geheimnis von Gottes Weg zu uns. „Gott mit uns", nicht: „Wir mit Gott", ist der Name des Kindes. Das ist die eigentliche Bewegung von Weihnachten: Das Wort, das ewige, ist Fleisch geworden. Es ist zu uns gekommen. Es hat unter uns gewohnt.

Es war im Warteraum einer Augenambulanz eines größeren Wiener Krankenhauses. Viele Leute warteten, manche mürrisch, andere eher voller Sorge und Angst. Bei einem Augenleiden hat man bald Angst, das Augenlicht zu verlieren. Dann setzte sich eine ältere, einfache Frau zu den Wartenden. Ungefragt fing sie von einer gelungenen Augenoperation zu erzählen an. Sie sei jetzt nur noch zur Kontrolle hier. „Jetzt kann ich wieder sehen wie früher!", sagte sie vor Freude strahlend. „Es ist ein Wunder!"

Erst wenn das Sehen bedroht ist, versteht man, was Sehen bedeutet. Es gibt eine altlateinische Trostschrift, eine „consolatio", für einen, der blind geworden war. Der überkluge Autor „tröstet" mit der Meinung, es sei das Sehen gar nicht so wichtig. Sehen sei etwas ganz Banales, fast Minderwertiges. Auch Mäuse und Eidechsen haben Augen, also habe man sich nicht aufzuregen, wenn man etwas verliert, was man mit Mäusen teilt ... Ich denke, dass die einfache Frau im Wartezimmer besser als jener lateinische Gelehrte verstanden hat, was Sehen für Menschen bedeutet: Es ist ein Wunder!

Auch das Johannes-Evangelium spricht viel von der Bedeutung des Sehens. Man weiß nicht so genau, wie und wo dieses vierte Evangelium entstanden ist. Früher hat man vor allem den Einfluss des griechischen Denkens in diesem Text wahrgenommen. Heute hat man die starke jüdische Prägung dieses Evangeliums neu entdeckt. So ist der Entstehungsort wohl an der jüdisch-griechischen Grenze im Norden Palästinas zu suchen. In Galiläa oder eher noch in Syrien. Hier muss es eine christliche Gemeinde gegeben haben, an deren Anfang die Verkündigung des Apostels Johannes gestanden war. Aus dieser „johanneischen Schule" stammt dieses Evangelium: aus mündlicher Tradition, aus einigen schriftlichen Sammlungen; und das alles in der Nachdenklichkeit einer Gemeinde an der Grenze zwischen jüdischem und griechischem Denken.

Der Begriff „sehen" hat diese Gemeinde fasziniert. Man kann das ganze Johannes-Evangelium mit einem Satz aus dem Prolog zusammenfassen: „Das Wort ist Fleisch geworden und hat unter uns gewohnt, und wir haben seine Herrlichkeit geschaut." Das ist ein Satz über das Sehen.

Es ist nicht der einzige. Eine zentrale Geschichte dieses Evangeliums ist die Heilung eines Blindgeborenen. Das ist auch eine Geschichte, wie ein Mensch zum Glauben kommt. Sehen ist nicht nur ein biologischer Vorgang. Sehen ist auch: sehen mit den Augen der Seele. Sehen ist im Sprachgebrauch dieser johanneischen Schule ein anderes Wort für glauben. Etwas, das weit über das Sehen der Mäuse und Eidechsen hinausgeht. Tatsächlich, sehen ist ein Wunder. Der Satz: „Wir haben seine Herrlichkeit geschaut“, bringt das Staunen zur Sprache, dass Menschen mit menschlichen Augen das Fleisch gewordene Wort Gottes gesehen haben und nun rufen: Es ist ein Wunder.

Auseinandersetzung mit Texten aus der Heiligen Schrift wird im deutschen Sprachraum vielfach als „Bibelarbeit“ bezeichnet. Dieses Wort wird vor allem dann verwendet, wenn man sich mit der Bibel in einer Gruppe – in einer Pfarre oder anderswo – beschäftigt.

Diese Bibelarbeit wird in anderen Sprachen anders genannt. Im Englischen sagt man „bible study“, also: Studium der Bibel. Und in Brasilien nennt man es: „Die Bibel beten“. Das habe ich bei der evangelischen Theologin Dorothee Sölle gelesen (in ihrem Buch: Träume mich, Gott).

Ich denke, diese verschiedenen Ausdrücke sind Benennungen, die der Art verschiedener Kulturen entsprechen. Tüchtiges, deutsches Leistungsdenken möchte auch in der Beschäftigung mit der Bibel etwas „erarbeiten“. Die englische Vorliebe für das Wort „Bibelstudium“ erinnert an so manchen angelsächsischen Krimi, der meistens in der Bibliothek eines adeligen Landhauses endet. In dieser Bibliothek kommen am Ende alle zusammen. Alle sind verdächtig, haben ein Motiv und kein Alibi. Aber der wahre Täter wird entlarvt, und die letzten noch offenen Fragen werden gelöst. Das alles in der Bibliothek. Am schönsten ist der Ausdruck: „Die Bibel beten“. Dieses Wort entspricht wohl warmherziger lateinamerikanischer Frömmigkeit.

Die verschiedenen Ausdrücke bedeuten auch für uns unterschiedliche Möglichkeiten, wie man mit einem biblischen Text umgehen kann. Zum Beispiel mit jenem Wort aus dem Matthäusevangelium über die Sterndeuter aus dem Osten, die nach Betlehem kommen (Mt 2,1–12).

Man kann diesen Text „erarbeiten“. Man kann in die Bibliothek gehen und studieren, was die Gelehrten zu diesem Text sagen. Man erfährt dann, dass es sich bei Matthäus um eine andere theologische Annäherungsweise an das Weihnachtsgeheimnis handelt als in der Weihnachtsgeschichte des Lukas. Bei Lukas geht die Botschaft an die Stillen und Frommen im Lande, die Armen: die Hirten, später Simeon und Hanna. Es geht bei Lukas um Israel. Bei Matthäus sind es Sterndeuter, hochgebildete Leute, die sich am Hof in Jerusalem mit den Gelehrten auseinander setzen. Die Sterndeuter kommen aus der Ferne. Hier geht es über Israel hinaus – in die ganze Welt. Wie es auch am Ende des Matthäusevangeliums heißt: „Geht zu allen Völkern“.

Gläubige Menschen haben diese biblische Geschichte auch gebetet. Frömmigkeit vieler Jahrhunderte hat aus intellektuellen Sterndeutern drei vertraute Könige mit Namen und Gesicht gemacht. Ein weiser, alter König. Ein anderer, der viel vom Leiden weiß. Ein schwarzer, der an jene schwarzen Athleten erinnert, die bei olympischen Spielen immer das Gold gewinnen.

Tatsächlich bringt auch dieser junge schwarze König Gold. In unseren Wohnzimmern werden die Könige zu den Hirten gestellt, sogar ein Kamel kommt dazu, obwohl sonst in unseren Wohnungen Kamele nicht üblich sind. Und siehe da!, das häusliche, manchmal zu kuschelige Weihnachtsfest bekommt eine andere Dimension – wird Zimmer mit Aussicht! Ein Fenster in die Welt hat sich geöffnet!

Eine ältere Frau erzählt von ihrer Jugend: Damals, als ich jung war. Und dieses Haus, das ist das Haus, wo wir dann nach der Hochzeit eingezogen sind. Das ist es also, habe ich damals gedacht. Hier ist der Ort. Hier wird alles geschehen. Hier wird es sein, das ganze Leben. Und so war es dann auch. Die Kinder: vier. Die Sorgen mit ihnen. Und die Freude. Der Krieg. Und die Freude. Hier bin ich alt geworden.

Hier ist sie auch gestorben, diese Frau. Sie hatte große Angst vor dem Sterben. Wer nicht? Aber es mag sein, dass ihre Angst über das gewöhnliche Maß hinausgegangen ist. Sie starb dann jedoch sehr leicht: Herzversagen. Ein kurzes Staunen ohne Angst. Sie starb sitzend an dem Tisch, wo sie ein ganzes Leben lang gesessen war.

Ich weiß das alles so genau, weil ich von meiner Mutter erzählt habe. Und vom Elternhaus. Das Haus wurde verkauft. Einige Male habe ich dort noch vorbeigeschaut. Das Haus wird einem schon immer fremder, es ist nicht mehr „unser“ Haus. Aber immer dachte ich noch: Hier war der Ort.

Jesus ist den Weg nach Jerusalem gegangen. Er wusste, was dort auf ihn zukam. Er ist den Weg bis zu Ende gegangen. Jerusalem, das ist der Ort. Die Gassen von Jerusalem: Er hat sie nicht zum ersten Mal betreten. Wie er sie jetzt betritt, sind es Straßen des Willkommens, des Jubels. Bald werden sie für ihn Todesstraßen sein. Straßen sind so. Die Straße, wo du gegangen bist, leichten Fußes – wie ein Tanzender – sie kann für dich werden: Sackgasse ohne Zukunft, Straße ohne Mitleid, Todesstraße. So zweideutig ist jedes Ortsverzeichnis.

Der Saal in Jerusalem, in dem Jesus zum letzten Mal mit seinen Lehrlingen zusammen war. Mit einer fast unerträglichen Trauer muss er diesen Festraum gesehen haben. Schon mit dem Tod vor Augen deutet er das Paschamahl um: Tut dies zu meinem Gedächtnis.

Von der Judenverfolgung in der Nazizeit in Polen, von einer polnischen Familie auf dem Land, die abtransportiert wurde, wird berichtet: Der Sohn war nicht zu Hause. Auf ihn warten schon die Nazis. Er bittet, noch einmal ins Haus gehen zu dürfen, was man ihm – unter Begleitung – zugesteht. Hier spricht er das Gebet für die Verstorbenen. Für seine Eltern.

 Für seine Schwester. Dann ist er bereit hinauszugehen, zögert, und spricht das Gebet noch einmal. Nun spricht er es für sich selbst. Denn auch er ist schon gestorben.

So spricht Jesus in diesem Festsaal: Tut dies zu meinem Gedächtnis. Er ist schon gestorben. Ein Festsaal?

Jeder Ort in Jerusalem hat seine Zweideutigkeit: Der Ort des Betens wird zum Ort der Todesangst und des Verrats. Der Ort des Gerichts wird zum Ort der Rechtsbeugung. Nur der letzte Ort scheint eindeutig: ein Grab. Eindeutig wie ein Stein. Aber diese felsenhafte Eindeutigkeit wird nicht halten. Und das Ortsverzeichnis Jerusalems, das als ein Verzeichnis der Todesarten schien, wird zu einem Verzeichnis der Orte des Lebens.

Und die Stadt wird man nennen: Heilige Stadt. Denn hier war der Ort.

Einen Steinwurf weiter gehen
als der Schlaf der anderen,
wenn auch Todesangst wartet.

Eine Zuflucht weiter gehen
als der eigene Wille:
Wie finster die zu durchwandernde Schlucht.

Ein Verzeihen weiter gehen
als der Verrat der Freunde:
Nur so ist auffindbar die bittere
Quelle der Tränen.

Eine Verlassenheit weiter gehen
als die Verspottung der Menschen:
Nicht ins Leere fällt der Geist,
er wird in Gottes Hand gelegt.

Einen Tagesanbruch weiter gehen
als die Todesfinsternis,
weitergehen trotz eines Steines.

Sie war eine Frau in der Blüte des Lebens. Nicht mehr ganz jung, aber vieles erwartete sie noch vom Leben. Vieles hatte sie noch geplant. Nun aber hatte sie schlechte Nachrichten erhalten. Die Befunde des Krankenhauses waren bedrohlich. Es war ihr, als ob sie in ein geöffnetes Grab schaute. Sie hatte Angst und fühlte sich sehr einsam. So erlebte sie die Karwoche dieses Jahr ganz anders als in anderen Jahren. Die Todesangst Jesu verstand sie als ihre eigene Angst. Und im Todesschrei Jesu erkannte sie ihre eigene Verlassenheit und Einsamkeit wieder.

Dann aber las sie die Worte des Evangelisten Markus über die Auferstehung (Mk 16,1–8). Mit den Frauen ging sie den Weg zum Grab: früh am Morgen, nach schlafloser Nacht. Der Tagesanfang duftete nach Gras, nach Blüten, nach Frühling. Zerbrechliches Morgenlicht umkleidete die Frauen wie ein Mantel.

Nun standen sie vor dem Grab. Und in dem offenen Grab erblickten sie eine jugendliche Gestalt in weißen Gewändern: War es ein Engel? Sein Wort, seine Botschaft war jedenfalls so: Erschreckt nicht! Ihr sucht Jesus von Nazareth. Er ist auferstanden!

Fast versteckt waren in den ersten Zeilen dieser Markusworte die Zeichen der Hoffnung: der neue Tag, die Sonne, der weggewälzte Stein. In der Botschaft des jungen Mannes, des Engels, leuchtet die Freude voll auf. Aber auch rätselhaft und geheimnisvoll bleibt dieser Text. Rätselhaft ist die Reaktion der Frauen, ihr Schrecken und ihre Flucht. Umso rätselhafter ist es, dass mit dieser Panik die erste Fassung des Markus-Evangeliums abgeschlossen war.

Ein Schluss also, wo alles offen blieb. Das muss auch die Christen des ersten Jahrhunderts gestört haben. Und so wurde ein neuer Schluss dazugeschrieben, in dem alles mehr abgerundet wird und mit der Himmelfahrt Jesu sein deutliches Ende hat.

Dieses Problem hatte man auch beim Johannes-Evangelium. Auch hier waren die ersten Leser mit dem Abschluss nicht zufrieden. Das Johannes-Evangelium endete in seiner ersten Fassung mit dem fragenden und zweifelnden Thomas. Auch das wurde wahrscheinlich als ein nicht gelungener Abschluss erfahren. Und so wurde auch hier ein Nachtrag geschaffen. Aber jene kranke Frau, die mit den Frauen zum Grab gegangen war: Sie verstand die Frohbotschaft, sie verstand aber auch die Panik der Frauen. Sie fühlte sich von diesen Worten angenommen. Wie sie auch die Fragen des Thomas verstand. Sie wusste: Mit der Frohbotschaft der Auferstehung fängt alles erst an. Das ist kein Abschluß. Jeder hat mit seinem eigenen Leben diese Frohbotschaft zu Ende zu schreiben. Ein fünftes Evangelium: dein Leben.

Der dich gesehen hat,
der dich angesprochen hat,
der sich aber nicht genannt hat:
War er nur ein Vorbeigänger?
Der mit dir den Weg gegangen ist,
der nicht auf halbem Weg
umgekehrt ist,
der mit dir den ganzen Weg
gegangen ist:
War er nur ein Mitläufer?
Der mit dir gesprochen hat,
der dir deine Enttäuschung
genommen hat,
der dir dein Dasein gedeutet hat:
War er nur ein Unterhalter?

Du hast ihn gebeten
eine Meile mit dir zu gehen:
Zwei Meilen und mehr
ist er gegangen mit dir,
deine Last hat er getragen.
Darum mögest du ihn nennen:
Weggefährte.
Oder auch:
Lieber Namenloser,
den ich erkannt habe,
dessen Name nun in mir brennt.

Für das Leben der Christen in der Stadt gibt es mehrere Ansatzmöglichkeiten. Ein Ausgangspunkt ist die geistige und soziale Not in der Stadt. Die große Bewegung „San Egidio“ in Rom versteht diese Not als Aufruf zur Solidarität mit den Ärmsten. Verbunden mit intensivem Gebet baut sie darauf eine eigene Spiritualität der Großstadt auf.

Eine andere Spiritualität der Stadt baut auf die Erfahrung der Anonymität und Einsamkeit in der Stadt auf: die Erfahrung der Stadt als „Wüste“. So ist das bei den „Brüdern und Schwestern von Jerusalem“ im Herzen von Paris. So kann man es lesen in den Büchern von Carlo Caretto. „In deiner Stadt ist deine Wüste“, ist der Titel von einem seiner Bücher.

Das Pfingstfest zeigt eine dritte Möglichkeit. Pfingsten geschah in der Stadt, in Jerusalem. Vormittags, am hellen Tag. Nicht die Nacht von Weihnachten, nicht das Morgengrauen von Ostern, sondern vormittags, die Zeit, wo alles voller Leben ist: die Büros, die Geschäfte, die Schulen, alles. Darum ist Pfingsten ein Stadtfest.

Für viele Menschen ist die Stadt eher zum Feindbild geworden. Für sie sind die Quellen des Lebens eher auf dem Land, weg von den Menschen, in der Zurückgezogenheit der Natur. Das wirkliche Leben, so kann man gerade von sehr idealistischen Menschen hören, ist alternativ und grün. Haben die Gottessucher in die Stille, aufs Land, auf die Berge, in die Natur zu gehen? Weg von der grauen Stadt? Aber auch die Stadt ist nicht nur grau, sie ist auch voller Farben, bunt und poppig. Das Leben ist nicht nur grün, es ist auch bunt. Das Leben ist nicht nur Gipfelruhe, es ist auch voller Lärm. Der Lärm der Stadt, das ist der Lärm des Lebens selbst, das Schreien, Rufen, Flüstern des Daseins. Auch die Stadt ist voller Poesie. Es gibt Augenblicke in der Stadt, da lächelt sie.

So musste Kirche wohl in der Stadt anfangen, dort, wo das Leben ist. Die Namen, die am Anfang der Kirchengeschichte stehen, sind auch Namen von Städten, Hafenstädten, Weltstädten: Jerusalem, Korinth, Alexandrien, Athen, Antiochien, Rom.

Ist nicht auch in unseren Tagen die Stadt die eigentliche Herausforderung der Kirche? Stadt, das ist Kultur, Politik, Wissenschaft, Kunst. Sie ist Universität, Bibliothek, Buchladen, Galerie, Kellertheater, Kaffeehaus:

 Und all das hat seine Sprache. Die Kirche aber ist aufgerufen wie Petrus in Jerusalem zu sprechen: „Jesus von Nazareth, der Gekreuzigte, er ist auch der Auferstandene.“ So zu sprechen, dass jeder es in seiner Sprache verstehen kann. In der Sprache der Stadt.

Kirche ist nicht nur Geborgenheit, Ort der Ruhe, Trost in Bedrängnis. Sie ist das auch, aber nicht nur. Sie ist auch ein Ort für Menschen, die sich trauen auf die Straße zu gehen.

So lenkt das Pfingstereignis im turbulenten Jerusalem den Blick auf die Städte unseres Landes, die Städte der Welt. Und lässt uns wieder träumen von einer Stadt, von einem Jerusalem, über das man nicht mehr weinen muss. Es führt uns wieder die Vision vom neuen Jerusalem vor Augen, wie es ganz am Ende der Bibel beschrieben wird. Denn die Bibel, so voll von Bildern des Landes, endet doch mit einem Bild der Stadt. Eine neue Stadt, mit Toren niemals geschlossen. Wo alles lauter ist und klar wie Glas. Eine Stadt, wo die Menschen immer im Licht sind. Gott selbst ist das Licht.

Kommt, lasst uns tief Atem schöpfen!

In dieser Zeit der Atembeschwerden
(denn Angst nimmt uns die Luft),
in dieser Welt großer Atemnot
(denn Menschen treiben einander
in atemberaubende Enge):

Sind neue Atemwege zu suchen.
Schöpfungswege sind zurückzufinden,
wo Atem Gottes wieder ins Leben ruft,
und Pfingstwege,
wo Geist Gottes wieder
das Stickstoffhaus Erde durchweht.
Für uns, die hinter dem Atem sind,
ist ein neuer Atemraum zu schaffen,
eine neue Weite,
atembar auf lange Zeit.

Invitatorium:
Das Stundengebet der Kirche wird am Morgen
mit dem Psalm 95 eröffnet, der mit dem Ruf
beginnt: „Kommt, lasst uns jubeln vor dem Herrn ...“

In der Sprache der Politik heißen wir: die Bevölkerung. In der Politik waren wir früher: das Volk. Später schlicht: die Menschen. Nun sind wir in letzter Zeit schon zu „Staatsbürgern" aufgestiegen. In der Kirche werden wir mit verschiedenen Namen benannt. Ein schöner, alter Name ist: Heilige. So bezeichnet das Neue Testament die Christen. Zuerst die Mitglieder der Urgemeinde in Jerusalem. Dann werden von Paulus alle Gläubigen so genannt.

Nicht weil sie alle ohne Sünde waren, sondern weil sie den Heiligen Geist empfangen hatten und an den heiligen Geheimnissen teilhatten. Heute nennen wir Heilige nur jene Menschen, deren Leben sich vollendet hat und die, nachdem sie ihr Leben konsequent in der Nachfolge Jesu gelebt haben, nun in Gottes Herrlichkeit stehen.

Was ist eigentlich ein Heiliger? Ist es ein Mensch, der gewissenhaft gelebt und fleißig gearbeitet hat? Der perfekte Staatsbürger, der dann im Jenseits zum himmlischen Hofrat wird? Natürlich hat Heiligkeit auch mit dem Lebenswandel eines Menschen zu tun. Aber es geht um mehr. Es geht nicht nur um Gewissen und Moral. Es geht um die Seele.

Diese Auffassung vertritt Pier Paolo Pasolini in seinem Buch zu einem Film: Teorema oder Die nackten Füße. In einem „Interview über Heiligkeit" kommen dort die Fragen auf: „Weil bürgerliche Menschen nicht wirklich religiös sein können?" „Nicht, weil sie nicht gläubig wären ..., sondern weil sie kein wirkliches Gefühl für das Heilige haben?" „Dann ist also jedes religiöse Erlebnis beim bürgerlichen Menschen nur ein moralisches Erlebnis?" „Ist Moralismus die Religion des Bürgertums?" „Demnach hat der Bürger ... die Seele durch das Gewissen ersetzt?"

Die Menschen in Teorema werden alle (auf moralisch bedenkliche Weise) vom Heiligen berührt. Die Dienstbotin, eine Bauerntochter, wirkt dadurch das Wunder der Levitation: Sie schwebt am Himmel. Damit ist diese literarische und filmische Heilige mit einem historisch belegten Heiligen aus dem 17. Jahrhundert, Joseph von Copertino (1603–1663), verwandt. Er ist einer der sonderbarsten Heiligen. Nach dem bekannten Film mit Tom Hanks könnte man ihn den „Forrest Gump" unter den Heiligen nennen. Joseph war ein dumpfer Mensch, an der Grenze der Debilität. Ein „Unbrauchbarer“. Aber er wurde ein Erwählter, der oft von Ekstasen überfallen wurde. In solch einem entrückten Zustand flog er dann gelegentlich durch die Luft wie ein Vogel. Dieses Fliegen ist vielfach belegt und geschah in einer schon durchaus kritischen Zeit, in der die Menschen nicht mehr so ohne weiteres jede Legende glaubten. Ob es wahr ist? Auf alle Fälle ist es ein gutes Bild dafür, was Heiligkeit ist. „Wenn ich eine Taube wäre, flöge ich zu dir“, betet der Psalmist. Heiligkeit bedeutet, dass die Seele dieses Fliegen gelernt hat.

Auf den Statuen in unseren Kirchen tragen Heilige meistens etwas in der Hand. Manchmal ist es jenes Foltergerät, mit dem man sie umgebracht hat. Aber es kann auch etwas sein, das ihnen im Leben sehr wichtig war. Etwas, das ihr Leben zusammenfasst. Eine Lilie als Symbol ihrer Lauterkeit. Ein brennendes Herz als Symbol eines inneren Feuers.

In einer Radiosendung in Ö3, Einfach zum Nachdenken, erzählte ich davon und fragte die vorwiegend jüngeren Hörer dieser Sendung: Wie ist das mit Ihnen, wenn man eine Statue von Ihnen anfertigen sollte? Als Heiliger oder auch so? Was sollten Sie in der Hand tragen. Oder auch: Was möchten Sie?

Es war eine Sendung, bei der Hörer auch anrufen konnten. Es waren erstaunlich viele Anrufer, viel mehr als sonst. Ein Anrufer wollte einen Stein in der Hand halten, ich denke, er meinte damit etwas Esoterisches. Ein anderer wollte gleich ein flammendes Schwert. Mancher Anruf war sehr berührend, so von einem Burschen, der schwer krank war. Er erzählte davon und man hörte es auch seinem mühsamen Sprechen an. Er meinte, ihm bliebe nichts anderes als ein Kreuz in der Hand zu tragen.

Am nächsten Tag kam noch ein Anruf aus einer Mittelschule, ich denke mit einem Handy in der Pausenzeit. Eine junge fröhliche Stimme erzählte von ihrem Hobby: Rollerblades. Fast seine ganze Freizeit verwendete der junge Mann dafür. Rollerblades waren die große Freude seines Lebens. Und nun wollte er wissen, ob man als Heiliger mit einem solchen Rollschuh dargestellt werden könne.

Mir schien der Vorschlag sinnvoll. Denn einen solchen Heiligen haben wir noch nicht.

Vor allem aber: Es wäre schön, wenn im Himmel die Rollerbladesfahrer über die Wolken fahren würden (gemeinsam mit den Surfern und Skifahrern). Denn der Himmel ist doch der Ort, wo die Freude wohnt.

Die Wegweiser:
Ein Schweigen das wartet
Ein Warten das ausschaut
Ein Schauen das Stimme bekommt
Eine Stimme die fragt
Oder auch:
Das Lachen eines vergesslichen Engels

Die Wege:
Der nachdenkliche Heimweg des Arbeiters
Der zaudernde Umweg des Eilenden
Der langsame Fußweg des Träumers
Der tanzende Weg der Liebenden
Oder auch:
Eine herrenlose Himmelsleiter

Die Orte:
Das Sternennest im Winterhimmel
Die Vogelinsel hinter dem Meereshorizont
Die Geborgenheit eines Kinderschlafs
Das Einverständnis eines Sterbenden
Oder auch:
Eine nicht dazu vorgesehene Montagsstunde

Drs. Joop Roeland OSA,
geboren 1931 in Haarlem (Niederlande).

Studium der Philosophie und Theologie im Rahmen der Priesterausbildung des Augustinerordens. Nach der Priesterweihe Studium der Germanistik an der Universität Utrecht. Einige Jahre Lehrer an einer Mittelschule in Schiedam (bei Rotterdam). Seit 1970 als Studentenseelsorger in Wien tätig. 1971 dort als Hochschulseelsorger mit der Verantwortung für die Katholische Hochschulgemeinde beauftragt. Von 1986 an Rektor der Ruprechtskirche in Wien, Geistl. Assistent des Literarischen Forums der Katholischen Aktion und Domkurat in St. Stephan. Seit 1998 zusätzlich Seelsorger für gleichgeschlechtlich empfindende Menschen.

Mehrere Veröffentlichungen, u.a.:
Kommunikationsversuche
Nach dem Regen grünes Gras
Die Stimme eines dünnen Schweigens